[illegible]OTHÈQUE [illegible] CURIEUX,
[illegible] 50 C. LE VOL.
[illegible] CONTIENDRA [illegible]
OUVRAGE COMPLET

MANUEL DU COURTISAN,

OU RÈGLES DE CONDUITE POUR LES GENS DE COUR,

EXTRAIT DES [illegible]
D'EUSÈBE [illegible]
PAR M. F. [illegible]

TROISIÈME LIVRAISON.

PARIS,
CHEZ TOUS LES LIBRAIRES
MARCHANDS DE NOUVEAUTÉS.
1826.

MANUEL

DU

COURTISAN.

PARIS. — IMPRIMERIE DE FAIN, RUE RACINE, N°. 4,
PLACE DE L'ODÉON.

MANUEL DU COURTISAN,

OU

RÈGLES DE CONDUITE

POUR LES

GENS DE COUR,

TRADUIT DES

INSTITUTIONES AULICÆ

D'EUSÈBE MEISNER;

PAR M. F. S.

PARIS,

CHEZ TOUS LES LIBRAIRES

MARCHANDS DE NOUVEAUTÉS.

1826.

MANUEL

DU

COURTISAN.

CHAPITRE PREMIER.

Différens buts des courtisans ; moyens d'obtenir la faveur du prince.

Les hommes qui veulent mettre de la prudence et de l'ordre dans leurs actions, doivent d'abord considérer le but vers lequel il faut les diriger.

Tous ceux qui fréquentent les cours ne se proposent pas le même but : les uns y sont conduits par l'espérance, les autres par l'ambition et par la passion des honneurs.

Il en est encore qui sont entraînés par le désir de commander, et quelques-uns, comme le dit Sénèque, par une insatiable avidité de tourmenter les autres et de leur nuire ; bien peu ont pour but l'intérêt ou le salut du prince.

La faveur de celui qui gouverne est également pour tous le chemin qui les conduit à leur but ; c'est à gagner cette faveur qu'ils emploient toute leur adresse, qu'ils consacrent toutes leurs fatigues.

Pour jouir de cette faveur, il est nécessaire que vous soyez connus du prince, que vous lui rendiez vos actions et votre conduite agréables, ou que vous lui plaisiez par quelqu'autre moyen.

Il en est à qui l'éclat et le crédit de leur famille, un poste élevé ou même peu important, obtenu par succession, ou au poids de l'or, ouvre un accès facile auprès du souverain, qui se trouvent ainsi délivrés de l'obligation de se glisser avec peine jusque sous ses yeux, et commencent leur carrière à la moitié du chemin.

Ceux qui ne possèdent pas ces avantages ont d'abord plus de peine et de difficultés : mais dès l'instant qu'ils se sont montrés au prince propres aux services qu'il attend d'eux, souvent ils s'élèvent au-dessus des autres ; parce que, tirés d'une basse origine ou du moins d'un état peu fortuné, ils se montrent plus soumis et plus dévoués à la volonté du souverain qu'ils honorent plus profondément, comme le seul auteur, et même comme le créateur de leur élévation.

Il n'en est pas de même de ceux qui sont nés dans la grandeur. La dignité de leur poste, celle de leur famille, leur imposent la nécessité de conserver leur propre honneur, et de préférer quelquefois leur avis à celui du prince, qui d'ailleurs est souvent moins porté à les élever, par une sorte de jalousie, et par la crainte que leur crédit ne leur donne l'audace de s'élever contre leur bienfaiteur, audace qu'il ne pourrait réprimer sans exposer et lui-même et l'état; tandis qu'il est beaucoup plus facile de faire rentrer dans la poussière celui qui en a été tiré. Que le prince seulement lui tourne le dos ou l'abandonne aux grands, qui regardent presque toujours de pareils favoris d'un œil jaloux, et il est perdu.

Je parle d'un prince assez fier pour donner des bornes à la puissance des favoris qu'il se plaît à élever, qui ne livre pas à un seul toute la puissance de l'état, et ne le met pas au-dessus des seigneurs de sa cour. Une telle imprudence a coûté cher à plus d'un souverain.

CHAPITRE II.

Deux routes différentes pour acquérir la faveur du prince.

Des chemins que prennent les courtisans pour s'avancer dans la faveur du prince, deux surtout sont ordinaires et communs :

Le premier est suivi par ceux qui courent après les charges et les dignités publiques, et qui, après avoir parcouru cette carrière, par degrés, aspirent au second rang;

L'autre par ceux qui suivent continuellement la cour, cherchant à se mêler dans les affaires les plus secrètes du souverain, et à se faire charger de commissions extraordinaires.

De ces deux routes, la dernière est sans contredit la plus courte, et marquée par les traces de ceux qui ont été dans la plus grande faveur auprès des princes. Tel fut Mécène auprès d'Auguste; et auprès de ce même prince et de son successeur Tibère, l'historien Salluste. Tacite en parle ainsi : « Sal-

» luste, quoiqu'il pût facilement parvenir » aux plus grands honneurs, imitant la conduite de Mécène, et n'ayant pas même la » dignité de sénateur, surpassa en pouvoir » un grand nombre de personnages consulaires qui avaient joui des honneurs du triomphe. Son extérieur et son élégance ne res» semblaient point aux coutumes anciennes; » l'abondance chez lui approchait du luxe. » Sous ces dehors cependant, il cachait un » esprit solide, capable des affaires les plus » importantes, et d'autant plus ardent qu'il » affectait de montrer de l'engourdissement » et de l'inertie. »

Mella ressemblait à Salluste; Tacite en fait le portrait suivant dans le XIIe. livre de ses Annales. « Mella, dit-il, de la famille de » Gallion et de Sénèque, s'était abstenu de » briguer les honneurs par une ambition » prévoyante, afin de pouvoir, quoique sim» ple chevalier romain, parvenir à un pou» voir égal à celui des personnages consulai» res; il pensait en même temps qu'on ac» quérait plus promptement les richesses en » se chargeant d'administrer les affaires du » prince. »

CHAPITRE III.

Différens moyens de se faire connaître au prince.

Il est de même plusieurs moyens de se faire connaître du prince et de se rendre agréable à lui, selon la différence des temps et la diversité de ceux qui briguent les honneurs à la cour. Les uns se font connaître par quelque action utile ou glorieuse, ou par une vertu et une probité peu commune. Les autres s'ouvrent un accès auprès du prince par une recommandation étrangère : ce dernier moyen est le plus ordinaire.

Les princes sont tellement élevés au-dessus des autres hommes, ils sont entourés d'une si grande foule de grands et de courtisans, que celui qui est encore novice ne peut qu'avec peine s'ouvrir un passage au milieu de ce bataillon serré qui cherche à le lui fermer, s'il n'a pas un guide qui le conduise par la main, et, lui ouvrant l'accès, l'approche du prince; ou si lui-même, par quelque action d'éclat, n'attire sur lui l'attention générale, et surtout celle du prince.

L'action d'un architecte appelé par quelques-uns Démocrate, et par d'autres Stasicrate, mérite d'être rapportée. Cet homme, désirant se faire connaître d'Alexandre-le-Grand, et ayant en vain prié tous les courtisans de le présenter, résolut de se présenter lui-même au roi. Il se dépouille de ses vêtemens, se couvre d'huile, met sur sa tête une couronne de peuplier, et charge son épaule droite d'une peau de lion; sa main est armée d'un ceste : dans cet état il se présente aux yeux d'Alexandre, qui était alors assis à son tribunal. Ce spectacle nouveau attira d'abord l'attention universelle, et excita la curiosité d'Alexandre, au point qu'il ordonna qu'on amenât cet homme devant lui, et quoique le monarque n'approuvât pas ce qu'il lui proposait, il le fit cependant mettre au nombre des gens de sa maison.

Si nous avons rapporté cet exemple, ce n'est pas que nous voulions engager personne à chercher à s'insinuer de cette manière dans l'amitié des princes, mais pour prouver que celui qui est loin de la cour, s'il n'a le secours de quelque personnage en crédit, ne peut guère fendre la foule innombrable qui entoure le souverain, à moins que, par quelque action d'éclat, comme nous l'avons déjà dit, ou par quelque événement imprévu, il ne mérite que, comme dit un poëte, chacun le montre au doigt, en disant : *le voilà.*

CHAPITRE IV.

Les mœurs, les habitudes, les inclination et les penchans du prince et des personnes de sa famille, doivent être connues de celui qui aspire à se pousser à la cour.

Que celui qui se présente à la cour, qui veut être connu du prince, et se concilier son amitié, observe les mœurs et les habitudes et du prince et des courtisans qu'il traite le plus familièrement, et en qui il a le plus de confiance; qu'il étudie avec autant de soin le caractère des grands, ainsi que de tous ceux qui peuvent lui être utiles, ou qui, par rivalité, par crainte, par jalousie, ou par haine pour leurs propres intérêts, ou ceux des leurs, peuvent lui nuire. Il est surtout nécessaire qu'il connaisse parfaitement les inclinations et les habitudes du prince, qui suivent presque toujours son tempérament. Si un prince adroit réussit à le cacher, il est bien difficile qu'il ne finisse par se trahir, et ôtant, pour ainsi dire, son masque, ne se montre tel qu'il est. Leurs actions, en effet, sont tellement exposées aux yeux de tous, qu'il ne peut manquer d'arriver que quelqu'un n'aperçoive leurs inclinations. Quelquefois l'importance des affaires où ils se trouvent engagés, les pousse avec tant de force, qu'oubliant toute dissimulation, ils trahissent leur caractère. Tibère lui-même, qui porta la dissimulation jusqu'au plus haut point, ne put si bien soutenir le personnage qu'il imposait à sa physionomie, que peu de jours ne fissent connaître entièrement toutes ses ruses.

Quoique les penchans de tous les hommes et surtout des princes, soient variés et presque innombrables, on peut cependant les classer en deux espèces : l'une renferme les penchans qui se rapportent à leur grandeur, et l'autre ceux qui regardent leurs plaisirs.

La grandeur consiste ou dans la renommée, ou dans les richesses, ou dans la soumission des sujets, ou enfin dans la force et dans la fidélité des armées. Dans tout cela, en quelqu'état que soient les affaires du prince, il faut savoir s'y accommoder. Celui qui sait en agir ainsi ne manquera pas de gagner la faveur du prince, pourvu qu'il n'ait point mérité ses soupçons ou sa haine pour d'autres motifs.

Pensez de même sur les passions et sur les sentimens vicieux du souverain : s'il est d'un caractère soupçonneux et timide, un délateur d'un esprit audacieux, qui ne craint point la haine des hommes puissans, et qui est toujours prêt à exécuter les ordres du prince ne peut manquer de lui être agréable. Tel était Séjan, dont Tacite fait ainsi le portrait : « Séjan, dit-il, au IVe. livre de » ses Annales, avait un tempérament propre » aux fatigues; il était audacieux, dissimulé, » toujours prêt à accuser les autres, et joignait la plus basse flatterie, à l'orgueil le » le plus démesuré. En public, il savait » feindre un air de modestie ; dans son intérieur, il était possédé par la soif d'ac» quérir. »

Le prince est-il adonné à l'ivrognerie, il aimera ceux qui ont le même défaut : c'est à cette cause qu'il faut rapporter l'amitié de Tibère pour Pomponius et pour L. Pison. C'est ce qu'en dit Suétone, chap. 24, sur Tibère. « Dans la suite le prince, au milieu » de la corruption générale, passait une nuit » et deux jours de suite à boire et à manger » avec Pomponius Flaccus et Pison. Aussi, » l'un fut-il envoyé proconsul en Syrie, et » l'autre fut créé préfet de Rome.

» Et dans ses lettres, il avouait haute-

» ment, qu'ils étaient ses meilleurs amis et » ses amis de toutes les heures. »

Ce même Tibère, au rapport de Suétone, donna la questure à un candidat ignoré, lui accordant la préférence sur les plus illustres citoyens, parce que, dans un repas, il lui avait fait raison, en buvant une amphore de vin.

La société de débauche avait lié Néron et Tigellin. « Tigellin, dit Tacite (au livre » XIVe. de ses Annales), avait acquis plus » de pouvoir sur l'esprit du prince à cause » de leurs débauches secrètes. »

Le même Tacite (Annales, livre XVI), dit que « Pétrone avait été choisi pour ar» bitre du bon goût parmi un petit nombre » des favoris les plus intimes de Néron; et » rien ne lui semblait agréable ni de bon » goût que ce que Pétrone avait ap» prouvé. »

C'est ainsi que Commode et Héliogabale élevaient à toutes les dignités de l'empire les hommes qui leur ressemblaient le plus par la licence de leurs passions.

Ce ne furent pas tant la fidélité, l'obéissance et les actions de Mutianus qui lui méritèrent l'amitié de Vespasien, que son habileté extraordinaire à satisfaire l'avarice de cet empereur.

Cette même passion rendit cher à Isaac Lange, qui succéda à Théodose, un serviteur, intendant des finances et qui savait à peine lire, dans l'espérance de participer aux magnifiques présens qu'il recevait à tous momens de ceux qui avaient besoin de ses services.

L'empereur Manuel Comnène, cherchant un collecteur farouche, habile à faire payer de force les impôts et qui pût fournir abondamment à sa prodigalité, fit choix de Jean Pucius, homme peu instruit, d'un naturel chagrin, d'un accès difficile, d'une grossièreté insupportable; en un mot,

Dont le visage enfin peignait un collecteur.

Non content de cela, il l'éleva à une telle puissance, que non-seulement il était au-dessus des autres dignités, mais encore il abrogeait les édits du prince et du sénat, retranchant même, sous prétexte de ses affaires domestiques, les charges les plus nécessaires de l'empire, telles que la garde des galères, la principale force de l'état.

CHAPITRE V.

Si l'on doit favoriser les passions du prince, et comment. De quelle manière et par quelles raisons les gens de bien restent à la cour, et prennent des fonctions publiques.

Ceux qui veulent obtenir la faveur du prince, doivent se courber à ses passions : ce précepte, connu de tout le monde, n'est encore que trop appuyé tous les jours par l'exemple des courtisans.

Ce précepte étonnera un homme vertueux, et lui donnera l'idée qu'une règle qui enjoint de suivre toutes les inclinations du prince, qui peuvent souvent s'écarter du sentier de la raison et de la vertu, lui ferme tout accès à la cour.

Et à mon avis, quiconque veut passer une vie exempte de reproches, quiconque veut fuir la société des hommes qui se consacrent aux brigues de l'ambition, agira plus sagement en ne se présentant pas à la cour, qui, semblable à une célèbre courtisane, corrompt souvent les hommes les plus sains et les plus purs.

Nous pouvons en voir plusieurs exemples. Festinus, ami intime de Maximinien, proconsul en Asie, sous Valentinien, s'était fait la plus grande réputation de douceur et de modestie. La violence et la cruauté de Maximinien avaient toujours trouvé en lui un infatigable adversaire, ainsi que les calomnies qu'il faisait pour son avantage particulier.

Mais voyant que Maximinien s'était de cette manière élevé à la dignité de préfet du prétoire, dignité qui ne le cédait qu'à celle de l'empereur, il changea de conduite, et imita l'injustice et la cruauté de Maximinien.

Jean Pucius, dont nous avons déjà parlé, apporta, pendant quelque temps, la plus grande intégrité dans le maniement des affaires et des finances de l'empereur Manuel, conduite qui fit supporter plus patiemment le faste et la cruauté de l'empereur. Mais bientôt, se livrant entièrement à l'amour des richesses, il ne le céda en mauvaise foi à aucun de ses collégues, et même engagea ses amis à en faire autant ; la plupart, corrompus par l'exemple, l'imitèrent. Les autres, quoique plus probes eux-mêmes, et ne se laissant pas corrompre, n'osèrent pas cependant s'opposer à la corruption, effrayés par les menaces de Pucius, qui menaçait de leur perte ceux qui voudraient s'opposer à lui.

Aristide le juste et de nom et d'effet, chargé par les Athéniens de la garde du trésor public, voulut d'abord, d'après son caractère et les lois de la probité, s'opposer aux rapines de ceux qui étaient sous ses ordres. Ceux-ci le citèrent en justice, et eurent l'audace de l'accuser d'avoir détourné les deniers de l'état. Peu s'en fallut qu'il ne fût condamné; enfin il se tira de ce mauvais pas, et fut continué dans sa charge. Alors il prit le parti de faire comme tous ses prédécesseurs, et de se joindre à ses collègues. Dès lors il fut un homme de bien.

Les cours nous présentent souvent de pareils exemples, soit par la méchanceté de ceux qui occupent les dignités, qui ne regardent les hommes vertueux qu'avec mépris, soit par l'imprudence et l'ignorance des princes eux-mêmes.

Ces exemples nous prouvent qu'il est difficile de garder sa probité à la cour. Cependant si quelqu'un poussé par sa fortune, par l'éclat de sa naissance ou de sa dignité, ou par la volonté des princes, embrasse ce genre de vie; quelque honnête homme qu'il soit, il peut encore, à mon idée, y supporter la vie pendant quelque temps, et par cette circonstance travailler non-seulement à se intérêts mais à ceux des autres.

J'entends parler ici de la cour des mauvais princes. Vivre à la cour d'un prince sage et ami de la vertu est beaucoup moins difficile.

Il est arrivé assez souvent à des grands hommes de prendre des charges, non pour être utiles à leur patrie, mais pour en fermer l'entrée aux mauvais citoyens. C'est une raison qui doit les engager à se procurer un accès auprès des tyrans et des princes voluptueux; ils doivent, s'ils ne veulent le heurter de front, s'opposer secrètement aux desseins pernicieux du prince, soit en en faisant retarder l'exécution, soit en objectant quelques difficultés, soit enfin en présentant un parti plus doux et plus plausible.

Burrhus et Sénèque furent regardés en même temps comme les hommes les plus vertueux et les plus habiles courtisans de leur siècle. Gouverneurs du jeune Néron, et remarquant que ce prince avait un penchant naturel au libertinage, ils craignirent qu'il ne se passionnât pour quelque femme distinguée, et lui donnèrent une affranchie qui, pendant quelque temps, arrêta ce torrent. Un ami de Sénèque, nommé Annæus Séréuus, servait de manteau à cette liaison, et, feignant d'être amoureux de cette affranchie, lui donnait ouvertement les présens que Néron lui envoyait en cachette. Qu'un homme vertueux suive cet exemple : s'il ne peut s'opposer au luxe, à la licence et aux desseins pervers du prince, qu'il change ces passions d'objet, et qu'il les tourne du côté qui présente le moins de danger et pour le peuple et pour l'honneur du prince.

CHAPITRE VI.

Petit nombre d'hommes vertueux à la cour des tyrans et des princes dissolus, et quelle y est leur condition. Grand nombre des méchans; leur talent de se faire valoir auprès du prince.

Il n'arrive pas souvent, direz-vous, qu'un tyran ou un prince dissolu s'attache un homme vertueux J'en conviens, mais cependant je soutiens qu'il n'est peut-être pas de cour où il n'y ait un homme vertueux, n'y fût-il pas appelé par la volonté du prince, du moins par le désir de rendre service aux gens de bien, et de renverser la puissance des méchans, appuyé sur le secours et la bienveillance de tous les gens de bien et sur le crédit d'un homme puissant. Il faut avoir soin de conserver ce milieu salutaire de Lépide, que Tacite (Annales, liv. IV) propose pour exemple d'un courtisan vertueux et prudent. Il n'irritait pas le prince par une audace insolente, sans cependant favoriser ses passions par une lâche complaisance. Ce même Tacite fait aussi l'éloge de Labéon et de Capiton. Ce siècle, dit-il en parlant d'eux, produisit deux prodiges. Labéon était plus connu par sa liberté; Capiton au contraire par sa complaisance à l'égard du souverain.

Je ne nie pas que la cour ne présente plus de difficultés à l'homme de bien qu'à tout autre; mais la gloire, le plaisir intime d'avoir fait son devoir le récompensent suffisamment. Bien plus, s'il se conduit avec prudence, s'il sait s'accommoder à ce qu'il ne peut changer, je ne crains pas de le dire, il finira par devenir cher au prince le plus mauvais, et plus cher même que les courtisans d'une complaisance excessive, qui ne font pas toujours les affaires du prince avec la fidélité qu'ils lui doivent.

C'est ce qui a inspiré à Salluste et à Mécène le conseil qu'ils donnent, l'un à Jules César, et l'autre à Auguste, de rechercher l'amitié des gens de bien, parce que l'honneur et la conscience les éloignent plus du vice que d'autres la crainte du châtiment ou le défaut de puissance.

Au reste, comme je l'ai déjà dit, le nombre des hommes vicieux domine toujours dans les cours. Ils ont deux manières de se rendre agréables au prince. D'abord par la flatterie, et en se rendant esclaves de tous leurs caprices. Leur abaissement est alors en proportion de l'utilité qu'ils espèrent en retirer ensuite, parce que les princes aiment à se voir entourés de gens auxquels ils paraissent supérieurs, quelque mauvais qu'ils soient eux-mêmes. Il en est même qui pensent être plus en sûreté au milieu de gens qui leur ressemblent.

On conseillait à Denys le tyran de chasser de sa cour un homme qui, à force de crimes, s'était attiré la haine générale. — Je m'en garderai bien, répondit-il, je serais le plus haï dans ma cour.

C'est le propre de ceux qui se sentent enclins à quelques vices, d'aimer à se donner un air d'honnêteté par la comparaison de plus mauvais qu'eux. Et c'est un vieil artifice des rois de se choisir un successeur au-dessous d'eux, pour donner plus d'éclat à leurs actions.

Tacite affirme que ce fut là la seule intention d'Auguste, lorsqu'il nomma, pour lui succéder à l'empire, Tibère dont il avait bien distingué l'arrogance et la cruauté. Et Tibère avait la même idée, au jugement de Tacite, lorsqu'il livra l'empire à Caligula.

Il faut que l'homme vertueux soit toujours

sobre de paroles. Les princes ne souffrent pas leur liberté. Celle que Platon prit si souvent à l'égard de Denys de Syracuse, ne lui réussit pas bien. Elle le fit condamner à être vendu comme esclave dans l'île de Crète, où ayant été racheté par des philosophes, il se tint pour averti de fuir les princes, ou de leur parler comme ils le veulent.

Aristote recommanda de même à Callisthène son parent, qui allait suivre Alexandre, de parler peu et de ne dire que des choses agréables à un homme qui portait la vie ou la mort sur le bout de la langue.

CHAPITRE VII.

Qui sont ceux qu'il faut flatter; quand et comment; sort d'une flatterie libre et vraie. Nécessité de flatter le prince, ou au moins de l'approuver.

On ne peut éviter de flatter quelquefois les princes pour gagner leur amitié; mais toute sorte de flatterie n'est pas convenable. L'excès de la flatterie déplut même à Tibère qui, souvent en sortant du sénat, disait en grec: « Quels hommes faits pour la servitude! »

La flatterie nuit autant lorsqu'elle est outrée, que lorsqu'on la néglige entièrement; car il arrive souvent que celui que nous louons si ouvertement, soupçonne quelque trahison contre lui.

Il faut que la flatterie ait quelque chose de vrai et de libre, pour persuader que nous parlons d'après nos sentimens, et à tout autre, de même qu'au prince.

Crésus avait appris sur le trône ce qui plaît et ce qui déplaît aux souverains.

Cambyse, roi des Perses, demandant un jour à ses courtisans, lequel était le plus grand de son père ou de lui, ils le mirent tous au-dessus de Cyrus, pour avoir ajouté à l'empire que lui avait laissé son père, l'Égypte et l'empire de la mer. Lorsque ce fut le tour de Crésus, il répondit que Cambyse était au-dessous de son père, parce qu'il n'avait pas de fils qui lui ressemblât. Cette réponse, qui paraissait sentir la liberté, fut par cela même plus agréable à la vanité de Cambyse.

Tacite (Annales, livre 1er.) rapporte de Valerius Messala un trait de flatterie remarquable. « Ce courtisan, dit-il, proposait » de renouveler tous les ans le serment de » fidélité à Tibère. Interrogé par ce prince, » si c'était d'après ses ordres qu'il émettait » cet avis, — Non, répondit-il, je l'ai fait » de mon propre mouvement; et dans tout » ce qui regarde l'intérêt de l'état, je ne con-

» sulte que moi, dussé-je vous déplaire. »
C'était le seul genre de flatterie inconnu jusqu'à ce jour.

Le trait que le même Tacite rapporte d'Atéius Capitan, est du même genre (Annales, livre III). « Lucius Ennius, chevalier romain,
» était accusé du crime de lèse-majesté,
» parce qu'il avait fondu une image du
» prince pour en faire de la vaisselle. Tibère
» défendait qu'on le mît au rang des accusés;
» mais Atéius Capitan paraissait mépriser
» cette défense, comme par esprit de liberté,
» parce que le prince ne devait pas enlever
» aux sénateurs le pouvoir de juger le cou-
» pable; un tel crime ne devait pas rester
» impuni; il pouvait, quant à lui, oublier
» ses injures, mais il ne pouvait pas remettre
» les injures faites à la république. »

Il serait facile de présenter plusieurs exemples du même genre; mais ceux à qui la nécessité impose la loi de flatter, ont assez de ceux que j'ai rapportés. Il suffit que leur flatterie ne tienne à des intérêts ni publics, ni particuliers, pour qu'elle satisfasse toujours la vanité du prince.

CHAPITRE VIII.

Conseils du prince, comment le courtisan doit s'y conduire.

Que le courtisan évite de s'immiscer aux délibérations des princes, y fût-il même invité, à moins qu'il n'y ait aucun moyen de l'éviter honnêtement. Les princes demandent presque toujours des conseils, comme Xerxès qui, sur le point d'envahir la Grèce, convoqua les princes de l'Asie, comme pour délibérer sur son projet. « Princes, leur dit-il, » si je vous rassemble ici, c'est pour ne pas » paraître agir imprudemment, mais mettez-» vous bien dans l'esprit que c'est moins » des conseils que l'obéissance que j'exige de » vous. »

Cambyse, son prédécesseur, voulant épouser sa sœur, demandait à ses conseillers s'il y avait en Perse quelque loi qui défendît une semblable union. Ceux-ci voyant bien que ce n'était pas pour se résoudre, mais sonder leur sentiment, qu'il leur faisait cette question, répondirent qu'aucune loi n'autorisait ce qu'il voulait faire, mais qu'il y en avait une qui permettait aux rois tout ce qui pouvait leur plaire. Ainsi d'après le caractère du prince, et la tournure de l'affaire, on doit juger si c'est un conseil ou un assentiment qu'il faut lui donner sur sa demande.

Ces deux exemples sont donnés par des rois ; en voici un d'un homme qui, dans le siècle passé, eut en Espagne le pouvoir d'un roi, sans en avoir le titre. Après la mort de Ferdinand, le pape et Maximilien engageaient Charles d'Autriche à prendre le titre de roi, quoique sa mère Jeanne, fille de Ferdinand, fût encore vivante; mais la mauvaise santé de cette princesse la rendait incapable de tenir les rênes de l'état. On assemble les grands. Le cardinal Ximénès emploie toute son éloquence pour excuser devant eux cette nouveauté. Les conseillers, trop attachés aux vieilles coutumes, et aux intérêts de la reine, se montrent obstinément opposés au prince qui doit bientôt lui succéder. Alors Ximenès furieux se lève avec précipitation, et leur montre que l'affaire dont il s'agit ne donne pas lieu au moindre doute, et que l'on n'a pas même besoin de leurs conseils ; que les rois n'avaient pas besoin de l'avis de leurs sujets pour monter sur leur trône ; que l'on ne les avait pas convoqués par nécessité, mais pour leur donner une occasion de mériter la bienveillance du prince par la promptitude de leurs suffrages; et sans attendre leur approbation, il déclare qu'il va proclamer Charles à Madrid, et que les autres villes suivront l'exemple de la capitale.

C'est ainsi que se conduisent presque toujours les princes; les conseils qu'ils prennent n'ont d'autre but que de voir les suffrages appuyer leur résolution, ou de sonder les sentimens de celui qu'ils consultent. C'est ainsi qu'en agissait souvent Tibère, au témoignage de Tacite.

Dans une semblable circonstance, il faut que le courtisan pénètre d'un œil perçant dans le cœur du prince, pour ne pas lui donner de conseil désagréable.

Lorsqu'il doutera de son intention, il feindra de rejeter la chose proposée, et, en posant les raisons pour et contre, il laissera le choix au prince. Si le conseil qu'il donne ne lui paraît pas bien convenir, et qu'il entende des raisons pour le parti contraire, il changera d'idée, s'il agit sagement.

Or, cette honte, car c'en est une, et c'est une chose bien ordinaire aux grands, tandis que les inférieurs rougissent de le laisser paraître à ceux dont ils suivent le conseil, cette honte ne fera pas changer le prince, lorsque vous laisserez à sa prudence la liberté de décider, et, en même temps, vous éviterez le danger qui menace souvent les conseillers, lorsque le conseil donné au prince vient à mal tourner.

Si le prince, en suivant son premier avis, ne charge pas son conseiller de l'événement, il reconnaîtra au moins sa prudence, pour avoir prévu un mal futur, lorsqu'il était encore possible de l'éviter.

Êtes-vous pressé de dire votre sentiment sur une action illégitime; il faut chercher quelque prétexte de retard, ou engager le prince à admettre un tiers dans la délibération.

Burrhus arrêta Néron qui voulait faire tuer sa mère par le premier moyen. Promettant de la tuer lui-même, si elle était convaincue de quelque crime. Mais il lui observa qu'on ne pouvait condamner personne sans l'entendre, et surtout une mère. Pendant ce temps l'esprit de Néron se calma, et le parricide fut différé.

Mais cet expédient ne peut réussir que selon le caractère du prince. Car il en est de si impatiens, que le moindre *retard est une offense* à leurs yeux.

CHAPITRE IX.

Comment on peut arrêter les ordres subits du prince, ou sur qui on peut les détourner.

Avec des princes de ce caractère, il faut se décider promptement.

Il arrive souvent que l'on ne nous demande pas un conseil, mais qu'on nous donne des ordres : si l'on peut les combattre avec les armes de la raison, il faut en retarder l'exécution autant que possible, en prenant pour prétexte la facilité, la justice, et même la sûreté, en montrant qu'un projet subit est toujours hérissé de difficultés.

A moins que ce ne soit un prince extrêmement violent, je ne doute pas qu'il ne suive le chemin le plus facile et le plus sûr. Mais si son impatience ne lui permet pas d'entendre des conseils qui tendent à différer, le conseiller s'excusera sur sa prudence, sur son affection pour le prince, qui lui a fait préférer les moyens lents et sûrs à ceux plus prompts qui pouvaient faire du tort à son maître.

Si dans cette précipitation, à laquelle le prince se sera décidé d'abord, il se rencontre quelques difficultés, il en verra bien mieux la prudence de celui qui lui conseillait le parti contraire. Et s'il a écouté les conseils de la lenteur, cet intervalle amènera bien des choses propres à arrêter ses désirs; et lui-même reconnaîtra que ce qu'il voulait faire, ou ne pouvait pas être fait, ou ne le pouvait pas raisonnablement.

Souvent les princes forment des projets qui, difficiles au premier abord, paraissent ensuite tout-à-fait impraticables. N'excitez jamais un prince à l'exécution de semblables projets; qu'un silence respectueux lui permette d'agir d'après sa volonté, de peur que, dissuadé par vous et arrêté par quelques difficultés, il ne cherche un autre moyen de satisfaire sa passion, qui, autrement, se fût d'elle-même anéantie.

Ainsi, il arrive quelquefois que le prince demande à un homme de bien l'exécution d'un crime, et il est des occasions où la nature de la chose ne permet pas de refuser, mais de transmettre ce ministère à un autre. C'est ce moyen qui fut employé par Burrhus, lorsque Néron voulait assassiner sa mère.

Burrhus et Sénèque, mandés par l'empereur, restèrent long-temps tremblans et incertains « Long-temps, dit Tacite (An-

» (nales, liv. XIV), ils gardèrent le silence, » de peur de donner un conseil inutile; enfin » Sénèque, jusque là plus déterminé, re- » garda Burrhus comme pour lui demander » s'il fallait ordonner aux soldats l'exécution » de ce meurtre. Burrhus répondit que la » garde prétorienne était dévouée également » à toute la race des Césars; qu'elle n'avait » pas oublié Germanicus, et qu'elle n'oserait » jamais commettre une semblable action à » l'égard de sa fille; enfin qu'il fallait mieux » demander à Anicet l'exécution de ses pro- » messes. »

Ce n'est pas rendre un bon office à quelqu'un, je l'avoue, que de l'impliquer dans de semblables commissions; mais, dans l'alternative, il vaut mieux les faire donner à un Anicet qu'à vous-même.

Le plus sûr est de prévenir les passions du prince, et de les arrêter avant qu'elles ne poussent des racines.

Beaucoup, dans de semblables circonstances, ont éprouvé le pouvoir de représentations douces et faites avec art. Mais pour employer un semblable remède, il faut avoir un grand crédit sur l'esprit du prince; et, ce qui est plus rare, il faut que le prince soit plus docile aux conseils de la raison qu'aux mouvemens des passions. Et enfin ce moyen peut réussir une ou deux fois, mais ne peut pas s'appliquer à toutes les occasions.

J'aime assez l'expédient de ces courtisans, qui, portés naturellement à la plaisanterie, et dont le caractère est par cela même agréable au prince, sous une image étrangère, lui peignent la honte et le danger de son dessein, de manière à l'en détourner.

Mais il faut, comme je l'ai dit, une grande vivacité dans l'esprit, et une manière de s'exprimer fort agréable; en outre il faut prendre garde que le prince ne se doute qu'il est le sujet de la fable. C'est ainsi que Tibère, à l'occasion de la tragédie d'*Atrée* de Scaurus, et Domitien à l'occasion de *Pâris et d'Œnone* d'Helvidius, crurent qu'on voulait leur reprocher, à l'un son fratricide, et à l'autre son divorce. Il faut inventer quelque circonstance qui ne puisse s'appliquer au prince.

L'agrément du discours gravera cette représentation plus profondément dans l'esprit, et, paraissant venir au hasard et non de dessein prémédité, elle n'offensera pas les oreilles délicates du prince.

Il est encore d'autres moyens de déployer cette modération qui, sans flatter les passions du prince, n'y met pas une vaine opposition; c'est aux occasions à les fournir : cependant l'intervention de quelque favori peut les faire naître.

Si la circonstance vous force de combattre quelque passion du prince, il faut en chercher une autre qui ait sur son esprit autant de puissance que celle que l'on veut déraciner, et établir une lutte continuelle. Il faut surtout montrer que toutes nos paroles sont dictées par le respect et l'obéissance. C'est ainsi que Mucien retient Domitien dans la justice et l'empêche d'effectuer un projet sur lequel il fondait de grandes espérances.

CHAPITRE X.

Avant tout étudier le tempérament des princes.

Pour venir à bout d'un semblable dessein, il importe beaucoup de connaître le tempérament des princes. De ce côté, ils sont semblables aux autres hommes, à l'exception cependant, que, plus puissans d'ailleurs, ils ont moins de pouvoir sur leurs passions, qui sont plus violentes chez les uns que chez les autres.

Ceux qui sont d'un tempérament bilieux, sont vifs, orgueilleux, irrascibles, aimant une obéissance servile, entrant en fureur au moindre obstacle, impatiens en agissant, trop prompts à se décider, méprisant tout jugement qui ne s'accorde pas avec le leur, faciles à faire une injure, mais s'apaisant facilement à l'égard de ceux qu'ils ont offensés, s'ils ne le leur rappellent pas ; haïssant mortellement ceux qui se rappellent leurs injures, et se défaisant par avance de ceux qui leur ont donné des craintes.

S'il vous faut vivre sous un prince de ce caractère, ayez toujours ouverts les yeux et les oreilles pour comprendre et exécuter ses volontés au moindre signe, évitant de faire la plus petite objection, de peur de paraître préférer votre sentiment au sien. N'hésitez pas à descendre aux emplois les plus bas, même quand ils ne conviendraient pas à votre fortune ; souffrez patiemment ses injures et oubliez-les promptement ; que l'offense ne vous rende que plus empressé ; évitez-le dans sa colère, ses plus chers amis lui déplaisent en ce moment ; paroles, actions, rien ne peut trouver grâce devant lui. Avec un tel prince, la familiarité dégénère bientôt en mépris ; aussi faut-il la fuir. Que toutes vos actions tendent au respect : ce sont des lions doux par intervalle, mais qui, dans leur colère, ne connaissent personne, pas même ceux qui les conduisent.

Les sanguins sont portés à la gaîté, amis du plaisir et de la joie ; fuyant la tristesse des affaires et la trop longue application, ils aiment la paix et se reposent sur leurs ministres du soin de leurs affaires. Humains, aimables, ne faisant jamais de peine à personne; oubliant aussi vite celle qu'on a pu leur faire que celle qu'ils ont faite; avides de plaire, et presque toujours généreux.

Le courtisan qui a affaire à un prince de ce tempérament, doit, sans négliger les marques extérieures de respect, éviter avec lui les affaires sérieuses; il interromperait ses plaisirs, le ferait rougir comme un coupable surpris en flagrant delit, et exciterait dans son âme des reproches secrets.

Philippe de Macédoine jouait, lorsqu'on lui annonça qu'Antipater était à la porte du palais; troublé, il cacha les dés dans son lit, rougissant d'être surpris au jeu par Antipater. De même que ceux qui tiennent les plus hautes dignités de l'état l'emportent sur les autres dans l'esprit du prince; de même ceux qui sont dans sa familiarité, l'emportent chez un prince qui fuit les affaires, comme trop éloignées de son caractère.

Ceux qui, nés sous un astre favorable, sont aussi propres aux affaires sérieuses qu'aux plaisirs, sont presque toujours dans la plus grande faveur auprès de ces princes, pourvu qu'ils ne laissent pas leur facilité diminuer leur autorité; sans quoi, comme dit un vieux proverbe, la familiarité engendrera le mépris, et le mépris donnera un prétexte aux troubles. A la moindre apparence d'injustice, le prince ennemi de la tristesse s'empressera de la faire cesser en éloignant celui qui paraîtra coupable de la faute.

Un prince d'un tempérament mélancolique est lent dans ses desseins, réfléchi, défiant, soupçonneux, adroit et souvent malin, parlant peu, ou parlant avec ambiguïté, cherchant à découvrir les pensées des autres, sans laisser voir les siennes, dissimulé, ennemi de la plaisanterie et de la familiarité, ami de la solitude, d'un accès difficile, ayant peu d'amis, et d'ailleurs les aimant avec froideur; prompt à recevoir les impressions de la haine, à cause de sa défiance continuelle, en étendant sa haine aussi-bien sur ceux qu'il a offensés, que sur ceux qui lui ont déplu; avide de vengeance, et terrible même après une réconciliation.

Avec de pareils caractères, il faut prendre la circonspection pour guide de toutes ses actions. Il faut être avare de paroles, et réfléchir sur chaque mot, de peur d'en prononcer quelqu'un qui leur déplaise, ou même de parler sans leur ordre; l'excès de respect ne fait jamais de mal. Il n'en est pas de même du défaut contraire; craignez de les contredire; si le prince hésite, ne le pressez pas, de peur que sa bile échauffée n'engendre la colère et la haine; ne l'importunez pas par des demandes, surtout si vous avez un refus à craindre: être renvoyé par le prince sans en rien obtenir, est un signe de danger. Le mélancolique, persuadé que son refus a blessé, regardera comme son ennemi celui qui l'a éprouvé; vous ne pourrez jamais lui ôter cette crainte.

Enfin ce tempérament est le plus difficile et le plus inégal, à cause de la variété des chimères qu'enfante l'imagination. Il n'est rien de plus pénible, que de passer sa vie auprès d'un prince de ce caractère. Le flegmatique tient un peu de l'esprit pesant du mélancolique; mais, s'il a moins d'esprit, il a aussi moins de malice et de défiance. Son cœur est glacé, et sa défiance s'étend plus sur lui-même que sur les autres: il craint les grandes entreprises parce qu'il désespère du succès, ou qu'il ignore le moyen de les conduire; il hésite dans ses desseins, il est craintif dans l'action, d'un esprit lourd, il hait comme il aime sans force et sans violence.

Pour échauffer ce cœur de glace, il faut un ministre actif, vif dans le conseil, brave dans l'action. Lorsqu'un semblable prince trouve un homme qui fasse réussir un projet qu'il regardait comme désespéré, en comparant son génie à la faiblesse du sien propre, il l'aime, l'admire et le garde comme un homme indispensable. Une semblable faveur appuyée de l'idée où il est que son ministre lui est nécessaire, est presque toujours durable. Si le ministre fait ces remarques, qu'il s'applique à faire réussir des projets que le prince regarde comme impossibles, et, s'il le peut, qu'il agisse seul, pour ne pas se joindre un associé plus habile que lui.

Une des vieilles ruses des courtisans, est de ne pas se donner de collègues qui ne leur soient extrêmement inférieurs en courage et en sagesse, pour qu'ils les fassent ressortir, comme les ténèbres, qui donnent plus d'éclat à la lumière.

Ils évitent avec soin d'offrir aux yeux du prince, un homme qui puisse les égaler ou se mettre au-dessus d'eux; ajoutez, que ceux qu'ils lui présentent connaissant leur infériorité, et devant toute leur fortune à leurs protecteurs, sont obligés de s'attacher à eux comme le lien à l'arbre qui les soutient, et sans lequel ils ramperaient à terre.

Voilà les différens tempéramens humains dont les princes ne sont pas plus exempts que les autres hommes.

CHAPITRE XI.

Circonstances qui peuvent changer le caractère des princes.

Quoique ces observations soient le plus souvent vraies, elles ne peuvent cependant pas s'appliquer à tous. L'âge, les affaires, l'habitude font éprouver au tempérament différentes variations. En temps de guerre, le prince favorisera les gens de guerre, et leur crédit tombera aussitôt la paix.

Voyez ce que dit Tacite de Tibère : son caractère varia selon les circonstances. Il fut homme de bien sous Auguste ; dissimulé et feignant la vertu tant que vécurent Drusus et Germanicus. Après leur mort, sa mère vivait encore, il ne fut ni bon ni méchant. Cruel, mais cachant ses excès, tant qu'il aima ou qu'il redouta Séjan. Une fois délivré de lui, mettant à l'écart la crainte et la retenue, il se précipita dans une suite horrible de forfaits.

Cassiénus jugea Caligula avec esprit, en disant que jamais il n'y eut de meilleur serviteur ni de plus mauvais maître.

On peut à peine croire le changement qui

se fit dans les mœurs de Marius et de Sylla. Plutarque doute si la fortune changea leur caractère, où si elle mit au jour des crimes déjà cachés dans leur cœur.

Presque toujours ce n'est pas le caractère qui change, mais la crainte l'empêche de se montrer; aussitôt qu'elle disparaît, il se découvre. C'est ce que Léonce disait de Zénon: *Semblable au serpent qui, gelé par le froid, ne fait point de mal, mais qui lance son dard dès qu'il est réchauffé.*

Tryphon, au rapport de Josèphe, tant qu'il fut simple particulier, et qu'il eut besoin de la bienveillance du peuple, prit le masque d'un homme de bien. Aussitôt qu'il fut roi, il se démasqua, et montra que son caractère apparent n'était que de la fourberie.

Il en fut de même d'Agamemnon si les reproches que lui fait faire Euripide sont fondés. Modeste et accessible avant d'être élu généralissime des Grecs, il devint bientôt l'ennemi de ses amis, haut et inaccessible. Le poëte ajoute un précepte utile, mais qui malheureusement est suivi par bien peu d'hommes.

Les hommes de basse naissance, dit-il, qui sont parvenus au faîte des honneurs, ne changent rien à leurs mœurs.

Le changement des princes vient le plus souvent de l'orgueil. Ils se persuadent qu'ayant plus de pouvoir que les autres hommes, ils ont aussi plus de sagesse. L'orgueil les enfle au point de leur faire croire qu'il est au-dessous d'eux de s'assujettir aux lois, et que ne pas agir à sa fantaisie, c'est ne pas être prince.

La justice, la piété, la bonne foi, sont des vertus du peuple, mais il faut que les rois prennent le chemin qu'il leur plait. Si de semblables opinions n'influaient que sur des esprits vulgaires, j'en serais moins étonné; mais je vois les prestiges de la grandeur aveugler l'esprit des hommes les plus estimables.

On ne vit jamais de si belles leçons que dans la bouche des sept sages de la Grèce, mais jamais on ne vit de plus détestable tyrans.

Appien, commençant l'histoire du philosophe Ariston, rapporte l'exemple de bien des hommes qui, professant la philosophie, asservirent leur patrie. Il nomme même quelques pythagoriciens qui, s'emparant de la puissance dans plusieurs parties de l'Italie, abusèrent de leur pouvoir. Ce qui nous ferait douter que les philosophes agissent de bonne foi, lorsqu'ils montrent pour les honneurs et pour les dignités un mépris si superbe.

Si l'on en croit Aristophanes, les pythagoriciens ne vivaient si frugalement que par pauvreté, et ne méprisaient pas un bon dîner lorsqu'on le leur offrait.

CHAPITRE XII.

Les méchans circonviennent quelquefois le prince, et parviennent à faire changer son caractère.

Souvent un essaim d'importuns, par des flatteries et des calomnies cachées, trouvent moyen de parvenir jusqu'au prince.

C'est à eux que Tacite impute le luxe et la cruauté de Vitellius.

Vespasien, doué par la nature d'un esprit modeste, apprit à leur école à écraser ses sujets d'impôts. En un mot, tous ceux qui ont donné accès aux flatteurs s'en sont ressentis. Ces imposteurs, en vantant au prince sa grandeur et sa puissance, se concilient sa faveur.

En effet la plus sûre manière de trahir un prince est de favoriser son avarice, sa cruauté, enfin toutes ses passions, parce qu'il ne peut ainsi punir le traître qu'il ne se déclare lui-même coupable du même crime.

Les Francs, avec le secours du Romain

Ægidius, avaient déposé Clodion le Chevelu. Un de ses amis, désirant son rétablissement, se joint à Ægidius, encourage son avarice et sa cruauté déjà connues. Bientôt les Francs, vexés par le Romain, regrettent leur roi, et le rappellent. Ainsi ce fidèle sujet se servit, pour trahir l'ennemi de son prince, de ses propres passions.

Séjan menaçant l'empire romain se servit du même moyen. Il s'aperçut que Tibère n'aimait plus la ville depuis l'emprisonnement d'Agrippine et de ses enfans. Tibère hésitait à se retirer. Séjan l'y exhorta, dans l'espérance que, commandant en l'absence du prince, il prendrait les rênes de l'état. Et en effet, pendant que Tibère était maître d'une petite île, Séjan fut empereur.

Perennius, pour mettre le trouble dans l'état, se débarrassa d'abord de ceux qui le gênaient, et bientôt tourna l'esprit de Commode du côté des plaisirs, et monta ainsi sur le trône.

Bardas se servit du même moyen. Il était oncle de l'empereur Michel; il se défit d'abord de Théoliste, son collègue, tuteur du prince : il fit ensuite exiler Théodora, mère de Michel, engageant son pupille à prendre les rênes du gouvernement. Bientôt le jeune prince se livra aux plaisirs et à la débauche, et, s'adonnant aux courses de char, ne s'occupa plus d'autre chose. Pendant ce temps,

Bardas se concilia la faveur du peuple; il attira auprès de lui les savans, remit en honneur les lettres à Constantinople, et se serait ouvert ainsi un chemin au trône, s'il n'avait été prévenu par un autre.

Ces exemples ne sont pas pour apprendre de quelle manière on doit tromper les princes, mais pour que les bons princes ne regardent pas comme plus fidèles que les autres, ceux qui ont soin de faire paraître en beau toutes leurs actions.

CHAPITRE XIII.

Pour parvenir à la faveur, mettre dans ses intérêts les domestiques du prince.

Nous allons maintenant parler des domestiques du prince que leur emploi fait approcher continuellement de sa personne. Ils sont utiles pour donner un accès auprès du prince, soit en parlant de celui qu'ils veulent favoriser, soit en avertissant de ce qu'il est à propos de faire.

La plupart des princes ont un visage différent en public et en particulier, et ouvrent plus volontiers leur cœur à ceux de leurs domestiques qu'ils croient les plus fidèles.

Qui ignore l'empire qu'avaient sur leur maître les affranchis de Claude? Pallas, l'un d'eux, était si riche, que Claude, se plaignant de son peu de fortune, dit un jour qu'il lui fallait se faire adopter par Pallas; que c'était le moyen de devenir riche. Ce fut Pallas qui fit épouser Agrippine à Claude, qui, à l'instigation de Narcisse, autre affranchi, avait fait mourir Messaline.

On sait que les eunuques eurent longtemps à Constantinople une puissance absolue.

Supposez que le prince ne communique pas ses desseins à ces gens, ils les découvrent facilement; le prince ne peut pas toujours porter un masque dans le particulier.

Une chose de première nécessité dans une cour, est de regarder comme utiles tous les hommes sans exception. C'est ce que prouve Arrian à Epitecte par l'exemple d'Epaphrodite et de deux de ses affranchis: l'un fut retiré, par l'empereur, du travail des égouts, l'autre de l'état de cordonnier; et Epaphrodite, qui les avait vendus comme inutiles, fut forcé de rechercher leurs bonnes grâces.

Presque personne ne s'élève à la cour sans que la fortune lui concilie ses amis et ses ennemis. Aussi sous l'empire de Tibère, être connu de ses portiers était un avantage extraordinaire. (Tacite, Ann., liv. VI.)

C'est pourquoi il est de la prudence de se concilier par tous les moyens avoués par l'honneur la bienveillance de tous ceux qui sont auprès du prince.

CHAPITRE XIV.

Grands de la cour. Plusieurs classes. Jusqu'à quel point on doit se pousser auprès de chacun d'eux, selon leur influence.

Venons maintenant aux grands de la cour. Les uns ont pour eux l'éclat de la naissance, et sont privés de l'intimité du prince ; les autres, ses favoris, ne jouissent cependant d'aucun honneur ; d'autres sont plus recommandables par leurs honneurs que leur faveur ; d'autres enfin sont à la fois favoris du prince, et prennent part aux affaires.

La part des premiers a peu d'avantages pour votre élévation ; cependant il ne faut pas la négliger de crainte que par leurs amis ils ne réussissent à vous nuire.

Ces hommes de haute naissance ont souvent de la puissance par d'autres qui leur sont attachés par d'anciens bienfaits.

Archélaüs, roi de Cappadoce, avait pour son malheur négligé Tibère, alors exilé à Rhodes. Tibère, monté sur le trône, cachant sous un prétexte son désir de vengeance, le fit mander à Rome. Là il fut forcé de se donner la mort. Ce n'était cependant pas par orgueil qu'il avait manqué à ce devoir, mais par les ordres secrets d'Auguste. Il faut considérer que ces grands qui n'ont pas assez de force pour rendre service, en ont assez pour nuire. Quelque odieux et suspects qu'ils soient au prince, ayez soin néanmoins de ne pas les négliger S'il arrive que le prince veuille vous commettre avec ces gens, on ne peut refuser, mais il faut savoir choisir l'occasion pour ne pas paraître agir de dessein délibéré; une telle audace a du danger, mais c'est un chemin à la faveur.

Il faut éviter toute entreprise dont vous ne puissiez venir à bout. Outre que le vulgaire juge tout d'après l'événement, et que le bon droit est à ses yeux du côté qui réussit, un mauvais succès diminuera sensiblement la faveur du prince à votre égard.

Ne croyez pas cependant que je veuille vous engager à maltraiter les grands. L'on ne peut le faire sans calomnie; et il faut alors un esprit bas et rampant. Voyez l'exemple de Pison qui, envoyé par Tibère pour réprimer les espérances de Germanicus, se comporta avec tant d'insolence, que Tibère, après la mort de Germanicus, fut forcé de l'abandonner à la haine publique.

Lorsque nous conseillons de s'opposer aux grands, nous entendons ceux qui se sont mal conduits, soit à l'égard de l'état, soit contre la religion, la justice, ou dans la conduite des armées. Mais il faut faire en sorte que les gens de bien voient évidemment que ce n'est pas par jalousie particulière, mais par intérêt pour le bien public que nous sommes poussés à agir ainsi.

Voulez-vous un exemple que vous puissiez suivre : je nommerai le cardinal Ximenès. Élevé par Isabelle, reine de Castille, pour s'opposer aux grands qui alors n'étaient pas aussi soumis qu'ils le sont à présent, de moine franciscain devenu confesseur de la reine, et bientôt archevêque de Tolède, enfin inquisiteur, il fut chargé jusqu'à l'avénement de Charles-Quint, sous le règne de Ferdinand et d'Isabelle, de toutes les négociations, et sut se concerter avec les grands, de manière à se conserver toujours l'obéissance des peuples.

Cependant on soupçonna qu'il était mort empoisonné, lui-même eut cette idée : mais on n'en eut jamais de preuves, et d'ailleurs il mourut dans une extrême vieillesse.

Sichon Simonetta n'eut pas la même fortune. Sous le gouvernement de François Sforce et de son frère Galéas, pour conserver l'empire à son pupille, encore enfant, il exila de Milan Robert de Saint-Sevrin et les frères de Galéas. Mais, trahi, il fut détenu long-temps en prison et fut misérablement assassiné.

CHAPITRE XV.

Troisième espèce de ministres; manières circonspectes dont on doit agir avec eux.

La troisième espèce est de ceux qui ont un talent reconnu pour le maniement des affaires, et qui sont cependant fort peu avant dans la faveur de ceux qui ont le pouvoir. On les trouve principalement auprès de ces princes qui vivent paisiblement, ou qui se livrent à leurs plaisirs, sans s'occuper des affaires publiques, et qui, pour cette raison, confiant toutes leurs affaires à un ou deux ministres de confiance, détestent, par la crainte des choses sérieuses, ceux qui pourraient leur parler d'affaires difficiles.

Dans cet état de choses, celui qui désire parvenir, doit rechercher la faveur des ministres plutôt que celle du maître. Car ce dernier laissera à ceux auxquels il a confié l'administration des affaires, le soin de choisir ceux qui doivent remplir les postes, n'étant pas en état lui-même de choisir, puisqu'il ignore à quel emploi chacun est propre.

Il y a d'autres princes qui, tenant à gouverner par eux-mêmes, et à conserver leur majesté, chargent un ou deux ministres de l'administration des affaires, mais qui cependant ne les admettent dans leur familiarité, et en leur présence que lorsqu'il s'agit d'affaires difficiles. Ils ne leur laissent pas la distribution des emplois, dans la crainte que leur pouvoir ne s'élève, par le grand nombre de leurs cliens, à un point d'où ils ne puissent les renverser s'ils font quelque faute. C'est là l'ancien esprit des princes de contenir leurs ministres par la crainte, et de leur faire bien sentir qu'ils peuvent renverser d'un coup d'œil l'édifice construit pendant un long-temps, et avec les plus grands travaux.

A l'égard de ces grands, dont la puissance est tellement circonscrite, il est très-difficile de voir comment vous devez vous conduire. Leur bienveillance ne peut pas vous être très-utile et peut-être elle vous nuira, si le prince la remarque. Mais aussi, si vous en êtes privé, vous parviendrez difficilement au maniement des affaires, et vous vous trouverez souvent obligé de lutter avec eux, et non pas sans danger.

Il faudra donc, ici, user d'une politesse circonspecte. Vous leur montrerez toutes les marques extérieures du respect, et même, dans l'occasion, vous leur ferez connaître, mais avec prudence, le dévouement secret que vous avez pour eux.

Cependant vous ne négligerez pas de vous faire un autre prôneur à l'aide duquel vous puissiez vous faire connaître et vous approcher plus près du prince.

Restent parmi les grands ceux qui possèdent la faveur du prince, et qui sont en même temps chargés de l'administration. Pour ceux-ci, pour le dire en peu de mots, il faut les honorer avec autant de respect que le prince.

Il faut examiner avec soin leurs inclinations et leurs volontés, qu'on doit connaître et exécuter encore plus que celles du prince.

Ainsi de cette manière, suivant comme pas à pas la puissance et l'autorité des grands, nous saurons ce que nous pouvons espérer de chacun d'eux. Car il faut bien prendre garde de ne pas demander à qui que ce soit ce que nous lui paraissons ne pas pouvoir faire. Il n'y a rien de plus désagréable à l'esprit humain, que de ne pas pouvoir satisfaire aux demandes de celui que l'on aime.

Ainsi donc la bienveillance arrêtée ou par une demande inconvenante, ou par une difficulté insurmontable, s'offense. Sachez bien que celui dont vous aurez éprouvé un refus, sera gêné de votre présence, dans la crainte qu'en lui faisant imprudemment une pareille demande, vous ne lui causiez de la honte, comme si ce que vous lui demandez ne pouvait avoir lieu à cause de son peu de crédit.

Du reste, pour en finir en peu de mots, on ne peut pas en un instant s'approcher des grands ; ce n'est que par degrés que l'on parvient jusqu'à eux. Il faut se concilier ceux qui ont du crédit auprès d'eux, soit étrangers, soit dans leur intérieur, et ceux qui dépendent de ces derniers, en examinant attentivement combien chacun d'eux a de moyens pour élever les autres.

CHAPITRE XVI.

Quels sont les courtisans qui sont au-dessous des grands, et comment on doit se conduire avec eux. Et d'abord comment on doit se conduire avec ceux qui ne nous haïssent qu'à cause de nos parens, dont ils sont les ennemis.

Il en existe d'autres dans les cours qui, placés au-dessous des grands, sont nos supérieurs, nos égaux ou nos inférieurs. Il y en a de deux espèces, les uns qui peuvent nous servir, les autres qui sont plus propres à nous nuire. Il faut peser le crédit et le pouvoir des uns et des autres pour aider nos désirs ou pour les arrêter. Il faut peser également le nombre de nos amis et de nos parens : la nécessité se rencontrant souvent d'agir avec eux, par ceux qui les approchent plutôt que par nous-mêmes, on use de leur aiguillon pour avancer ses desseins, ou, par leur moyen, on évite l'envie.

Il faut surtout prendre garde à ne pas attendre, pour rechercher leur amitié, le moment où nous en aurons besoin ; il ne faut point avoir une amitié acquise et attachée à nous seulement par les gages d'une bienfaisance récente.

Il y a trois espèces de ceux qui peuvent nous nuire : les ennemis, les envieux, et les compétiteurs ou les rivaux.

Ceux qui sont nos ennemis le sont à cause de nous, ou à cause des nôtres qu'ils détestent. Mais cette espèce de haine est presque toujours moins vive que la première, et elle peut être apaisée par quelque service, par lequel nous pouvons montrer que nous aimons nos amis, mais que pour cela nous ne détestons pas tous leurs ennemis.

Mais le plus souvent l'amitié des courtisans est impérieuse et cruelle, et elle exige que l'on se défasse de tous les liens qui lui font ombrage.

C'est pour cette raison que quelques-uns préfèrent en public l'amitié d'une personne, et savent cependant d'une manière cachée cultiver l'autre parti, non pas dans l'intention de trahir leur ami, mais pour se préparer un secours s'il venait à tomber.

C'est une prudence que l'on emploie avec succès non-seulement dans les disputes des courtisans, mais même dans les empires. Sycom, gouverneur de Tarse, au moment où la guerre s'éleva entre Cyrus et Artaxerce, craignant d'attaquer Cyrus, embrassa son parti; mais il envoya son fils auprès d'Artaxerce pour offrir un refuge à son père, si Cyrus venait à être vaincu.

Bardas le Dur, échappé aux fers des Sarrasins, voyant qu'on avait créé empereur Phocas pour l'opposer à Basile, rechercha l'amitié de Phocas, qui avait été jusque-là son ennemi; mais, feignant que son fils s'était enfui malgré lui, il lui ordonna d'embrasser le parti de Basile, pour être en état d'intercéder pour son père, si Phocas succombait. Ce qui arriva en effet.

Solon défendit par une loi que, lorsque quelque trouble s'élèverait, aucun citoyen ne restât neutre : cependant son intention n'était pas, je le crois, d'obliger les amis, qui embrasseraient différens partis, à abandonner tout-à-fait leurs sentimens particuliers; mais bien plutôt il espérait que les amis qui embrasseraient un parti différent, travailleraient avec plus d'ardeur et de succès à rétablir la paix publique.

De même dans les cours, quoique vous soyez d'un parti différent, vous pouvez cependant conserver votre amitié avec ceux du parti opposé, tant pour avoir une retraite dans un changement de fortune, que pour être plus propre à établir la paix lorsque les esprits se tourneront à des sentimens plus doux. Il n'y a pas de moyen plus sûr et plus honnête dans les discordes et les débats des grands, que de se créer des amis dans les deux partis.

CHAPITRE XVII.

Comment on doit agir avec les ennemis qui nous haïssent pour nous-mêmes et à cause de nous, et pour avoir été offensés par nous? quid, *lorsqu'il y a des menaces et des injures?*

Ceux qui nous haïssent pour nous-mêmes, ou le font parce qu'ils ont été offensés par nous, ou, comme c'est l'ordinaire des grands envers leurs inférieurs, ce qui a donné lieu au proverbe italien *qui offense ne pardonne pas*, ils nous détestent parce qu'ils nous ont offensés. C'est le plus grand défaut de ceux que leur grande fortune a rendus insolens, ils détestent ceux qu'ils ont offensés.

Le meilleur remède lorsque ces sortes de gens nous font quelque injure, c'est de ne pas les comprendre. Mais si la gravité de la chose a fait connaître que l'on a senti l'offense, nous devons au plus tôt montrer que notre douleur est apaisée, et que nous avons oublié l'injure; autrement s'ils s'apercevaient que nous supportons l'injure impatiemment, ils ressentiraient aussitôt la crainte de la vengeance, et par conséquent le désir de la prévenir.

Il faut dans ce cas s'abstenir de menaces, surtout si l'on n'est pas prêt à les exécuter sur-le-champ.

Car les menaces excitent la vigilance de l'adversaire à se tenir sur ses gardes, et engagent sa haine à renouveler l'injure, et elles nous causent souvent de la honte lorsque, montrant le défi de la vengeance, notre volonté semble abandonnée par nos forces.

Je sais que tout le monde n'approuvera pas cette modération, et surtout les hommes avides de vengeance, qui pensent qu'on ne peut laisser passer aucune injure sans faire connaître que l'on la ressent, non-seulement à cause de la douceur qu'il y a dans la vengeance, mais même parce qu'en supportant une ancienne injure, on en appelle une nouvelle; enfin qu'il faut poursuivre d'une haine éternelle ceux qui nous offensent.

Mais ces sortes de gens, en cherchant à se rendre formidables, amènent aussi cet effet, que personne ne veut avoir de commerce avec eux. Car, comme nous autres, race mortelle, nous sommes sujets à faillir, et que par suite nous pouvons y être entraînés soit par affection soit par inattention; chacun, dans la crainte de les offenser, fuira ces hommes si prompts à s'irriter et si terribles dans leur colère, les abandonnant comme des bêtes féroces à leur solitude. Mais, s'il vient à le faire, il craindra aussitôt de leur part les plus grandes extrémités, et de crainte de subir leur vengeance, il la leur fera sentir le premier.

C'est pourquoi je pense que, pour éviter tous ces maux, il vaut mieux suivre la route contraire et montrer de la douceur, ce qui n'est pas difficile, même dans les grandes injures; en ayant soin surtout de bien distinguer et les motifs qui l'ont amenée et la condition de ceux qui l'ont faite.

Car pour les injures légères et qui viennent plutôt du dérangement que de la méchanceté, nous devons si peu nous en offenser que nous ne devons pas même paraître les sentir. Si l'injure est trop forte, nous devons nous montrer jaloux de notre réputation, mais cependant nous ne serons point implacables envers ceux qui nous auront offensés au point de ne leur laisser aucun espoir de réconciliation ou de pardon, s'ils nous donnent satisfaction. Pour cela il ne sera pas inutile de se plaindre de l'injure auprès des amis de celui qui l'a faite et de les établir juges de sa faute.

Quant aux injures produites par la pétulance et accompagnées d'insultes, je pense qu'il faut les punir de suite et au moment où elles sont faites, non pas tant dans le désir de la vengeance que pour que celui qui l'a faite soit puni et apprenne à se conduire avec plus de modération, non-seulement envers nous, mais même envers les autres.

Mais il ne faut point se venger d'eux par une haine implacable. Il faut même faire connaître que nous sommes fâchés de la nécessité qui nous est imposée de nous plaindre et de chercher à nous venger, mais que lorsqu'on nous aura fait réparation en raison de l'offense, nous sommes prêts à rendre notre amitié.

CHAPITRE XVIII.

Comment on doit éviter les injures des puissans, ou même de ceux qui ne le sont pas; ou dans le cas contraire comment on doit agir. Différens moyens pour amener la réconciliation et la bienveillance.

Mais comme ces sortes d'injures sont faites la plupart du temps par ceux qui sont plus puissans que nous; le premier remède pour les éviter c'est de n'agir avec eux qu'avec beaucoup de respect, de se garder du dégoût qu'amène la familiarité, ou s'ils sont d'un caractère difficile, d'éviter tout-à-fait leur commerce. On connaît ce mot de Martial :

« Si vous voulez éviter les désagrémens et » vous garder des atteintes d'un caractère » ombrageux, ne vous liez pas trop avec » personne ; vous aurez moins de plaisir, » mais aussi moins de peine. »

Le second est de ne pas montrer que l'on a senti l'injure ; car il n'est pas sûr ni prudent de trop lutter contre un plus puissant. La différence entre nos forces doit être un prétexte raisonnable pour excuser notre dissimulation.

Je sais que quelques personnes sont persuadées qu'en inspirant de la crainte à ses adversaires, il peut arriver qu'ils viennent demander leur pardon et à se réconcilier. Je sais aussi que quelques esprits sans courage s'abaissent quelquefois jusque-là. Mais c'est une réconciliation feinte et qui n'est point sincère. Car ces sortes de gens ne manquent pas, s'il se présente une occasion de rendre l'injure, de se livrer à leur animosité, et plus ils sont timides, plus ils désirent ardemment la vengeance. Enfin, comme un ennemi caché est plus difficile à éviter que celui qui se déclare ouvertement, il vaut mieux avoir de ces ennemis que de ceux qui ne se réconcilient que par l'effet de la crainte. Je parle ici de ceux qui, n'étant pas plus puissans que nous, ne peuvent pas en quittant notre amitié nous faire beaucoup de mal.

Car si nous avons affaire à un homme plus puissant et dont l'inimitié peut nuire à notre avancement, il vaut mieux regagner son amitié quoique feinte que de l'avoir ouvertement pour ennemi.

Si c'est nous qui l'avons offensé les premiers, c'est à nous aussi à l'apaiser les premiers soit par nous-mêmes, soit en employant l'intervention de nos amis.

Pour juger quel est celui qui a le plus de force pour nous nuire, il ne faut pas considérer seulement le pouvoir, mais aussi les sentimens qui, outre la haine, le portent à nous nuire.

Car les uns sont poussés par le désir de la haine qui suit la vengeance ; les autres par la crainte qu'en obtenant ce que nous recherchons nous n'ayons des armes plus fortes pour leur nuire.

Le premier de ces deux sentimens est violent et terrible ; cependant la crainte porte encore davantage les courtisans à faire le mal. Mais l'ennemi qui est animé en même temps par ces deux sentimens est le plus difficile de tous à éviter.

On peut adoucir le premier par des services rendus avec humilité ou en lui faisant satisfaction. Mais jamais presque on ne peut amener le timide à remplacer la crainte par la confiance dans la bienveillance. Il faut cependant l'essayer de toutes les manières, c'est ce que montre un exemple beaucoup mieux que tous les préceptes.

Agésilas, voulant se faire des amis de ceux qu'il savait mal disposés pour lui, les revêtit des charges les plus honorables : et comme en les remplissant ils ne manquèrent pas, comme c'est l'ordinaire, d'exciter l'envie ; ils furent accusés et obligés d'avoir recours à la protection de ce prince. Agésilas alors les délivra du danger et de l'infamie, et se les attachant par ce bienfait, il eut en eux dans la suite des amis sincères.

C'est un artifice très-familier aux courtisans de supplanter quelqu'un en secret, pour qu'en le rétablissant par leurs bienfaits ils s'en fassent un ami dévoué.

On ne doit pas moins craindre la fourberie, si fréquente dans les cours, de cet Eutrapèle Horatien qui prêtait de l'argent à ceux dont il préparait la perte en leur faisant naître des espérances excessives.

Ainsi ceux qui applaudissent à nos plaisirs, nos passions et nos dépenses, et qui nous engagent à entreprendre des choses au dessus de nos forces, et qu'ils nous vantent au-delà de ce qu'elles méritent, ou des choses contraires à la raison, ceux-là le plus souvent ne cherchent qu'à nous perdre.

Mais revenons-en aux moyens de nous raccommoder avec nos ennemis. Parmi tous les autres celui-ci ne sera pas le dernier, c'est d'aider de vos conseils et de vos soins les vœux et les efforts de votre ennemi, lorsque leur succès ne pourra vous nuire, afin qu'il se croit obligé de payer vos bienfaits par son amitié.

Le cardinal Alphonse Sforce usa d'une autre finesse. Ayant remarqué qu'il s'opposait inutilement aux machinations du cardinal Julien qui travaillait à faire avoir le chapeau de cardinal à Jean, neveu d'Alexandre VI, il embrassa lui-même avec tant d'ardeur la cause de Jean, qu'il réussit, et que dans la suite il fut plus avant dans son amitié que Julien lui-même.

Si l'opiniâtreté de notre ennemi trompe tous nos efforts pour en venir à une réconciliation, il faut voir à la fin s'il ne s'en trouve point un autre qui soit plus haï ou plus craint que nous de notre adversaire. S'il s'en trouve un, et qu'il semble demander la même chose que nous, nous devrons amener notre adversaire par le moyen d'un ami, malgré la haine qu'il a contre tous deux, à favoriser plutôt notre parti, ou à lui apporter moins d'obstacles.

Cet artifice est à peu près le même que celui dont se servit Gerlaque, évêque électeur de Mayence, lorsqu'il voulut faire élever à l'empire Adolphe de Nassau, son parent. Il savait que la discorde existait entre les princes qui aspiraient au trône impérial, ou auxquels on le destinait. Voulant s'en servir pour faire réussir son projet; il traité en secret et séparément avec quelques-uns des électeurs. Il avertit Venceslas, alors roi de Bohême, que les suffrages de la plupart des électeurs se portent sur Albert, duc d'Autriche, ennemi de Venceslas; et que cependant si Venceslas veut se réunir à lui, il est prêt à l'empêcher. Après avoir persuadé Venceslas, il passe au duc de Saxe, et lui fait croire que le duc de Brunswick, son ennemi, a les plus grandes espérances de l'emporter. Enfin au palatin il fait voir que Vencelas, qui était alors son ennemi, est plus près que tout autre d'obtenir la couronne, si l'on ne l'en empêche pas. Ainsi promettant à chacun d'arrêter leurs ennemis, il se rendit maître d'eux tous, et présenta ensuite pour empereur son parent que certainement tout le monde eût rejeté s'il l'eût présenté d'abord.

CHAPITRE XIX.

Comment il faut éviter sa ruine. De quelle manière on doit agir lorsqu'elle vous menace. Exemples de ceux qui ont quitté d'eux-mêmes le pouvoir.

Jusqu'ici nous avons montré les règles principales que doit suivre le politique. S'il s'en trouve quelques-unes d'omises, sa prudence et son habileté y suppléeront. Cependant elles ne servent pas tant à un courtisan pour acquérir le pouvoir que pour le garder ; il ne sera donc point inutile d'avoir en même temps quelques exemples de ceux qui ont quitté d'eux-mêmes le pouvoir, afin que nous apprenions à être sages par le danger des autres, et si nous ne pouvons éviter notre ruine, que nous sachions du moins nous y préparer : ce dernier talent ne sera pas moins nécessaire que l'autre, puisque celui qui veut fuir fait souvent des efforts inutiles, tandis que celui qui s'est préparé, rend plus douce pour lui la chute que peuvent éviter fort peu de ceux que la fortune a élevés un peu haut.

Paterculus regarde Séjan comme le plus prudent de tous les courtisans, et il faut en effet qu'il l'ait été, pour avoir possédé si long-temps la faveur de Tibère, ce prince rusé et défiant.

Il dit qu'en agissant il avait l'air d'être entièrement oisif, ne demandant rien pour lui, et par cela même obtenant tout; se remuant toujours plus qu'on ne le croyait; son visage, sa vie étaient tranquilles, son esprit ne s'endormait jamais. Cependant, ce courtisan si délié et si habile se laissa entraîner par son ambition jusqu'à aspirer à l'empire. Pour y parvenir il rechercha d'abord en mariage Livie, veuve de Drusus, afin qu'étant lié à la maison des Césars, il pût parvenir plus facilement au but de ses désirs, quoiqu'il comprît par les tergiversations de Tibère que sa demande lui était suspecte, il ne changea cependant pas de pensée, et essaya par un autre moyen, ce qu'il n'avait pu obtenir par celui-là

Il savait que Tibère était dégoûté de Rome. Le voyant dans l'incertitude, il le persuade de se retirer à Caprée, afin, dit Tacite, de ne pas faire tort à sa puissance en repoussant la foule qui se présentait continuellement à la porte de son palais, ou de ne pas fournir en la recevant des occasions à ceux qui méditeraient un crime ; il sut donc engager Tibère à aller vivre loin de Rome dans un endroit agréable. En le faisant il prévoyait bien des choses : tout ce qui arriverait tomberait dans ses mains, il disposerait en grande partie des lettres à sa volonté, puisqu'elles seraient portées par des soldats ; et César déjà appesanti par la vieillesse, et bientôt amolli par la retraite, lui céderait plus facilement la direction des affaires. Il ne se trompa pas entièrement dans son espoir. Car, en peu de temps, sous prétexte de soulager la vieillesse de Tibère, il attira à lui presque toute la puissance de l'empire.

Mais cependant la fin misérable de Séjan montra que la route qu'il avait tenue offrait plus de danger que de profit. Il n'est point inutile de la rapporter ici, afin que les courtisans mettent plus de prudence à gouverner leur fortune, et les princes à élever leurs sujets.

Tibère aima et supporta Séjan lorsqu'il eut besoin de lui pour perdre Agrippine et ses enfans, Drusus et Néron. Séjan se montra empressé pour tous ces crimes ; sachant bien que par-là non-seulement il s'élevait dans la faveur du prince, mais qu'il élevait encore sa puissance et ses espérances, puisqu'il ne restait plus de toute la famille des Césars que deux jeunes enfans, qui, par leur jeunesse, s'ils parvenaient à l'empire, lui laisseraient l'autorité et le maniement de toutes les affaires; jusqu'à ce que l'occasion se présentât d'usurper aussi le trône.

Mais voyez combien l'ambition rend aveugle et téméraire. Il ne s'aperçut pas que plus il était près du sommet, plus il était suspect à un prince si défiant, et qu'on chercherait plutôt les moyens de l'abaisser que de l'élever davantage. Il agit tout autrement, lorsqu'il ne lui manquait que le titre d'empereur, que quelques-uns même lui donnaient, et la puissance tribunitienne, que les empereurs se réservaient à eux seuls comme la marque de la souveraine puissance; ne se contentant pas de tout cela, il cherchait encore à élever davantage sa puissance. Et par-là en se faisant respecter de tout le monde, il se rendait suspect à Tibère.

Celui-ci s'apercevant donc que Séjan s'était attaché non-seulement les cohortes prétoriennes, mais la plupart des sénateurs et les premières familles, les uns par des bienfaits ou des espérances, les autres par la crainte, et que ce qui se passerait dans son intérieur était rapporté par ses domestiques à Séjan, sans que lui-même fût informé des secrets de son ministre, il résolut la perte de celui qui se montrait son rival; et avant de rien faire paraître, il s'occupa de reconnaître les intentions de plusieurs de ses officiers, pour distinguer ceux qui approuveraient le projet qu'il méditait.

Pour que Séjan ne s'aperçoive pas du changement qui s'est opéré dans la manière de voir de l'empereur, il le crée consul, et ouvertement dans ses lettres au sénat et au peuple il l'appelle son ami et le compagnon de ses travaux : enfin il feint une maladie pour découvrir les sentimens de Séjan et des autres.

De temps en temps il donne de meilleures nouvelles de sa santé, et il écrit au sénat qu'il va sous peu de jours arriver à Rome. quelquefois il loue Séjan, et quelquefois il le rabaisse : il admet quelques-uns de ceux qu'il lui recommande, et en rejette quelques-uns presque avec mépris, afin par ce moyen de le tenir dans l'incertitude entre la crainte et l'espérance.

Séjan, soit qu'il comptât encore sur sa faveur, soit par crainte, pour ne pas perdre lui-même toutes ses espérances, résolut de ne point essayer la violence, espérant surtout que le temps détruirait dans l'esprit du prince tous ses petits sujets de plaintes, s'il en avait quelques-uns. Cependant quelques courtisans, qui s'étaient plutôt attachés à la fortune de Séjan qu'à lui-même, voyant que Tibère changeait, commencent à agir avec plus de prudence, et le zèle de beaucoup d'entre eux pour le ministre se refroidit.

Tibère, connaissant déjà depuis long-temps le caractère orgueilleux de Séjan, craignait qu'irrité par le mépris, il ne se décidât à tenter la fortune en déterminé. Il fait répandre le bruit qu'il a l'intention de donner à Séjan la puissance tribunitienne. Peu après il envoya au sénat, dans une lettre, l'ordre de le mettre en prison; Macron, préfet des cohortes prétoriennes, fut chargé de le porter. Celui-ci arrivé à Rome avant le jour, découvre d'abord l'ordre du prince à Memmius Régulus, alors consul, l'autre consul était dévoué à Séjan, ensuite à Grœcinus Lacon, chef de la garde de nuit. Ensuite il se rend au sénat; sur son chemin il rencontre Séjan qui, l'esprit tout troublé, lui demande s'il a quelque lettre de Tibère pour lui; Macron lui dit à l'oreille qu'on va le saluer tribun. Lorsqu'il est entré dans le sénat tout rempli d'une joie secrète, Macron ordonne aux soldats prétoriens de retourner à leur caserne, et montre par la lettre de l'empereur que c'est là sa volonté, lettre par laquelle on leur promettait en même temps une gratification. Après le départ des Prétoriens, il met à leur place la cohorte de Lacon, et, entrant dans le sénat, présente sa lettre; et bientôt, sans en attendre la lecture, il sort, ordonne à Lacon de veiller attentivement afin que Séjan ne sorte pas du sénat pour exciter quelque tumulte; et se rend auprès des Prétoriens pour empêcher qu'ils ne fassent rien de mal.

La lettre que l'on lisait alors était très-longue, pour que Macron eût plus de temps pour préparer tout ce qui était nécessaire, et elle était surtout combinée avec un art admirable. Au commencement il parlait d'autres affaires sans faire mention de Séjan. Bientôt il le touchait, mais comme on dit, du bout du doigt. Ensuite, après avoir parlé d'autres sujets, il en venait à une accusation plus grave, mais encore négligée.

Enfin, après être revenu plusieurs fois sur les affaires de la république, il nommait deux des amis de Séjan qu'il ordonnait au sénat de punir, ajoutant en même temps qu'on le saisit lui-même. Il avait exprès oublié de parler de sa mort pour laisser à l'accusé l'espoir de se justifier des accusations portées contre lui, qui d'ailleurs, n'étaient pas extrêmement graves.

Après la lecture de la lettre, un grand nombre de ceux qui avaient accompagné Séjan en venant au sénat, voyant qu'il s'agissait de bien autre chose que de lui donner la puissance tribunitienne, commencent à se lever et à l'entourer pour qu'il ne puisse pas s'échapper. On croit même qu'ils l'auraient fait également, si le commencement de la lettre eût frappé plus fortement contre lui : pour lui, méprisant ces faibles attaques, il resta immobile à sa place, et quoique le consul Memmius l'appelât deux fois d'un air colère, il obéit à peine ; ce qui ne lui était pas ordinaire.

Dès qu'il se fut levé, Lacon le suivit le premier ; ensuite Régulus, accompagné des autres sénateurs, le conduisirent du sénat dans la prison ; et il fut condamné par le sénat à être jeté aux gémonies.

Vous voyez quelle fut la fin d'un courtisan que de mémoire d'homme personne n'égala en adresse et en puissance ; quoique la manière dont elle fut amenée semble être due à la prudence de Tibère, on doit plutôt l'attribuer à la fatalité de cette puissance dont le poids fait que presque toujours plus on est élevé et plus la chute est rapide.

CHAPITRE XX.

L'orgueil est dangereux même envers des personnes du dernier rang.

Ce n'est pas seulement en se conduisant insolemment avec les grands que l'on court à sa perte, cet orgueil est souvent nuisible même envers des personnes des derniers rangs. Jean, roi d'Aragon, avait tant d'affection pour Alvar de Luhe, fils naturel d'un roi d'Aragon, que, malgré l'opposition de tous les grands de sa cour, il lui confia l'administration des affaires et même la dignité royale. Mais Alvar poussé à l'orgueil par sa haute fortune, ayant fait précipiter d'un lieu élevé un noble qui venait au nom du roi l'avertir de son devoir, fut puni de mort par l'ordre du monarque.

Sous l'empereur Commode, Cléandre avait armé les cohortes prétoriennes contre le peuple Romain. Il en survint un si grand trouble à Rome, que l'empereur lui-même n'aurait pas été en sûreté s'il n'eût immolé Cléandre à la colère du peuple.

CHAPITRE XXI.

Par quelles ruses un courtisan est attaqué par les malveillans. La première est de le faire sortir de la cour sous quelque prétexte, ou de l'en écarter d'une manière spécieuse.

Nous avons vu comment, par sa faute, un courtisan peut perdre la faveur du prince. Nous allons voir maintenant les moyens par lesquels ses ennemis, ses envieux ou ses rivaux peuvent l'attaquer. Il y en a trois principaux. On tâchera de l'écarter de la cour, sous un prétexte honorable ; ou bien on le rendra suspect et odieux au maître ; ou enfin on amènera le prince, à force averti, à le renvoyer.

Pour écarter quelqu'un, comme nous avons dit qu'il y a plusieurs manières, il y a aussi différens moyens. On peut engager quelques personnes, sous prétexte d'honneur, ou par l'occasion de vivre avec leurs parens, à s'éloigner sans regrets de la cour. C'est le moyen dont, sous l'empereur Manuel Comnène, usa Styppiota contre Hagiothéodorith, afin d'écarter ce courtisan qui s'opposait à son élévation. Car une querelle s'étant élevée entre Michel le Pédagogue et Joseph Balsaman, Stypplota persuada à l'empereur qu'il arrangerait l'affaire en nommant Hagiothéodorith, parent de Balsaman, gouverneur du Péloponèse. Hagiothéodorith content de faire plaisir à son parent, se chargea de cet emploi, ne faisant pas attention que pendant ce temps Stypplota, n'ayant plus de rival, règlerait seul toutes les affaires, ce qui arriva en effet.

CHAPITRE XXII.

Pour rendre les autres suspects et odieux au prince, on emploie les calomnies et les éloges.

J'ai parlé de l'éloignement comme du premier moyen dont les ennemis, les rivaux se servent pour faire perdre à un autre la faveur du prince. Le second est celui par lequel on les lui rend suspects et désagréables, et c'est par le secours des calomnies ou des éloges.

Pour la calomnie il faut prendre garde à deux choses : la première si elle est propre à changer les sentimens du prince, et assez faite pour cela ; la seconde, si elle est vraisemblable. On peut juger du premier point tant par l'état présent des choses, que par le génie particulier et les inclinations du prince.

Il n'est pas de calomnies qui réussissent mieux pour perdre les grands, que celles qui les font paraître coupables de machinations envers le prince ou l'état, ou de mépris envers sa personne, et de refus d'obéir à ses volontés, ou enfin de manque de respect et de ridicule répandu sur ses paroles ou ses actions.

On rend la calomnie vraisemblable en faisant paraître comme l'effet de l'orgueil les paroles ou les actions de ceux sur lesquels porte la calomnie : en supposant de fausses lettres, ou quelque jugement du prince qui dès auparavant aurait établi dans son esprit, et la bonne foi du calomniateur, et la culpabilité de l'accusé.

Celui que l'on accuse, aura fait ou dit, sans y penser, ce que la calomnie emploie pour en faire un sujet d'accusation contre lui : il aura pu le faire encore y étant poussé par la ruse de ses ennemis et de ses envieux.

Ils peuvent aussi par l'art de leurs paroles faire paraître même des choses qui n'existent pas, et trouver dans tous l'occasion dont ils ont besoin.

Il y en a qui, après avoir engagé un autre à faire quelque chose, s'en font une arme pour l'accuser dès qu'il l'a fait, en supposant qu'il a formé de mauvais desseins contre le prince.

Un moine, nommé Santabarin, possédait à un très-haut point la faveur de l'empereur Basile, et s'était attiré une haine aussi forte de la part de Léon, fils de ce prince. Il s'efforça par toutes les marques d'un faux intérêt de regaguer la bienveillance de ce jeune homme, et parvint à en imposer à sa crédulité. Enfin, ayant entièrement sa confiance, il l'avertit de porter un poignard caché sous sa robe, pour se défendre lorsqu'il irait chasser avec son père. Le jeune homme ayant suivi cet avis, le moine va trouver l'empereur, et accuse son fils d'avoir médité un parricide. Le poignard que l'on trouve sur lui sert de preuve. Enfin la chose en vint à ce point que le jeune prince fut mis en prison, et que les prières réunies de tous les grands de la cour purent à peine le faire échapper au supplice.

CHAPITRE XXIII.

Art des courtisans pour distribuer leurs éloges. Masque dont ils se couvrent.

De la calomnie passons aux louanges. On s'en sert également, comme je l'ai dit, dans les cours, pour perdre les autres. Beaucoup cachent leur haine, leur envie, leur jalousie, afin de tromper plus aisément.

Alphonse, roi d'Aragon, voyant qu'un de ses courtisans en louait un autre en sa présence plus que de coutume, se tourna vers un de ses amis et lui dit : « Cet homme médite sans doute la perte de celui qu'il loue. » Il ne se trompa point dans son idée. Six mois après le flatteur appela en justice celui qu'il avait comblé de tant d'éloges, et l'aurait perdu si le roi ne s'en était mêlé.

Quelques-uns en louant un autre cherchent à exciter contre lui la jalousie du prince. C'est par ce moyen qu'on rendait Julien Agricola suspect à Domitien. C'est pour cela que Tacite dit dans la vie d'Agricola : « La cause de son danger n'était ni une accu-

» sation, ni une plainte d'une injustice faite » à personne; c'était l'esprit du prince en» nemi de la vertu et de la gloire de ce grand » homme; c'était le genre de ses ennemis, » genre le plus terrible, ceux qui donnent » des éloges. »

CHAPITRE XXIV.

Amour des princes pour les femmes. Maîtresses des princes.

Quelquefois les princes portent leurs sentimens sur les femmes, et cela, d'autant plus que leur tempérament les porte davantage aux plaisirs de l'amour.

Cependant elles perdent aussi facilement leur amour, sinon par leur propre faute, du moins par le dégoût de leur amour, ou par la vue de quelqu'autre objet qui lui semble préférable; c'est pourquoi elles sont plus rusées pour chercher à détourner le prince de tout commerce, surtout avec ceux qui paraissent propres à faire tourner ailleurs ses sentimens. D'autres, plus audacieuses, ont retenu, en le plongeant dans la débauche, celui qu'elles voyaient bien arrêté dans leurs chaînes.

Poppée usa de ce moyen envers Néron. Il faut lire ce que dit d'elle le prince des historiens (*Annales*, l. 14.)

Les maîtresses des princes se les attachent souvent plus par ce moyen que par les caresses et les plaisirs. Mais, comme je l'ai dit, il n'y a dans cet amour aucune constance.

Il semblerait convenable que l'amitié que vous avez acquise par vos services fût plus stable, comme provenue d'une cause plus honorable, et propre à engager les autres à rendre de pareils services.

CHAPITRE XXV.

Plaisirs des princes. Débauches. Compagnons de leurs débauches.

Je ne parlerai pas ici de toutes les passions auxquelles se laisse entraîner l'esprit des princes, parce qu'elles ne sont pas toutes propres à fournir à un courtisan de quoi élever l'édifice de sa fortune. J'en rapporterai trois espèces qui leur sont les plus ordinaires.

L'amour des femmes, comme étant presque toujours la plus violente de leurs passions, est aussi la plus inconstante. Quoique la passion dure dans le prince, il n'aime pas long-temps le même objet. Et quoique, pour me servir d'un terme des écoles, il ne change pas de sujet, il change au moins d'objet. Cependant bien des gens s'en sont servi comme d'un fondement pour élever leur fortune. Ils n'ont pas craint de prostituer même leurs épouses pour parvenir à gagner la faveur du prince, comme nous voyons que fit un certain Othon (*Annales*, 13); et cependant cette bassesse ne lui servit de rien, car Néron l'éloigna de la cour pour n'avoir pas de rival.

D'autres, pour s'attacher le prince, se sont faits les compagnons, les témoins et les ministres de ses plaisirs et de ses débauches, comme Tigellin. Ils ne faisaient pas attention que les princes n'ont aucun attachement; et que pour se délivrer de l'envie publique, ils lui immolent à la fin cette espèce d'honneur. Les ministres de leurs débauches doivent s'attendre au même sort qu'éprouva Remy d'Orque, le ministre des cruautés de Cèsar Borgia. Celui-ci le fit à la fin mettre à mort en l'accusant de tous les actes de cruauté qu'il avait commis lui-même.

Nous pouvons, par l'exemple de ce Remy, apprendre le destin de ceux qui se chargent d'exécuter les cruautés du prince. Il est rare que l'amitié du prince pour eux puisse durer, tant parce que leur présence semble lui rappeler ses crimes, que parce qu'il craint aussi pour lui-même de la part de ceux qu'il voit si prompts à exécuter le crime.

La passion de l'avarice est celle de toutes qui est la moins changeante. La diversité des objets ne peut pas, comme l'amour, la faire changer : elle ne s'affaiblit pas, mais ne fait qu'augmenter dans l'âge. Et quoiqu'elle soit aussi odieuse au peuple que la cruauté, on la supporte cependant plus long-temps, parce qu'elle cache ses exactions sous le prétexte de la nécessité publique, sa parcimonie sous celui de l'honnêteté et sous l'apparence de l'utilité publique ; ceux donc qui lui servent de ministres paraissent pouvoir se conserver plus long-temps dans l'amitié du prince, pourvu que, ce qui est rare dans ces sortes de personnes, ils ne soient point tristes et désagréables, et ne soient point elles-mêmes trop avides de richesses.

L'air chagrin qui, en même temps, semble le plus souvent offensant, excite la haine et contre soi-même et contre celui qui gouverne ; le prince finira donc par écarter celui qui le porte pour détourner l'envie de dessus lui-même.

CHAPITRE XXVI.

L'aptitude d'un courtisan aux affaires est le dernier motif d'une faveur déclarée. Faiblesse de la puissance d'un courtisan. Conseil très-utile à ceux qui sont dans un rang élevé.

Parmi les causes qui font aimer un courtisan par le prince, reste la dernière que j'ai dit (chap. 37) être l'aptitude aux affaires. Lorsque nous remarquons qu'elle est agréable au prince, il faut examiner surtout si elle lui est agréable parce qu'elle est nécessaire, ou parce qu'il a le désir d'acquérir la même aptitude. Si elle lui est agréable parce qu'elle lui est nécessaire, l'amitié durera autant que cette nécessité ; mais ce sera une amitié plutôt contrainte que volontaire.

Si le prince aspire à la gloire d'une pareille aptitude, il n'y a pas de doute que ceux qui l'y auront surpassé lui deviendront désagréables puisqu'il est un désir naturel non-seulement aux princes, mais à tous les hommes de chercher à dépasser tous ceux qui sont sous leurs ordres dans l'art auquel ils se livrent. Et certes personne presque ne supporte volontiers d'être surpassé par son serviteur.

On engageait Asinius Pollion à ajouter quelque chose à des vers qu'Auguste avait faits sur lui, il répondit qu'il ne voulait pas, en écrivant, attirer sur lui la jalousie de celui qui pouvait proscrire.

Une dispute s'étant élevée un jour au sujet de quelque mot entre un philosophe et l'empereur Adrien, le philosophe s'avoua vaincu, et ses amis s'en étonnant : je ne rougis pas, leur dit-il, d'être vaincu par celui qui commande à trente légions.

On connaît ce précepte de la sagesse : Ne cherchez pas à paraître sage en présence d'un roi. On ne peut agir autrement, et pour sacrifier quelque chose à la faveur du prince il faut quelquefois abandonner sa propre gloire. Et nous devons lui céder la palme non-seulement lorsqu'il s'agit de paroles, mais même en toutes sortes d'affaires. Il n'est même pas inutile de faire quelquefois comme exprès quelque faute légère qui ne puisse pas beaucoup nuire

D'après ce que nous avons dit jusqu'ici, on voit combien peu est assurée toute la classe des courtisans. Voici donc le premier conseil à donner à ceux qui cherchent à s'élever. Il faut qu'ils se préparent à descendre dans l'arène : et quoiqu'on regarde comme plus généreux pour celui qui descend dans cette arène d'y combattre que de prendre la fuite, si cependant dans ce combat il y a plus de danger à courir que d'avantage à retirer, il n'y aura pas de déshonneur à se préparer une retraite et à imiter les Parthes qui combattent en fuyant.

Il est encore plus glorieux de descendre lentement et comme par degrés, que de se précipiter dans la foule avec les autres; de se retirer de soi-même par la porte, que de se faire jeter par la fenêtre. Ainsi en cherchant un prétexte il est plus honorable de dire adieu de soi-même aux honneurs que d'attendre qu'on en soit chassé. On peut citer ici cette parole d'un ancien Romain : *Pourquoi veux-tu rester à charge à la fortune fatiguée de toi? pourquoi attends-tu qu'on te chasse du camp?*

C'est un bonheur, dit Sénèque, de mourir dans le bonheur même. Pour moi au contraire je regarde comme heureux le courtisan qui, au milieu de sa félicité, songe à la retraite.

CHAPITRE XXVII.

De la manière d'obtenir les bonnes grâces du successeur du prince, et de garder auprès de lui son emploi.

Parmi les gens heureux et les véritables enfans de la fortune, on doit compter avec raison celui dont le crédit est demeuré aussi bien établi auprès du prince qui succède, que de celui sous lequel il a commencé. C'est une chose bien rare dans les cours, parce que celui qui pense être le plus près de garder son emploi, est le plus souvent suspect à ceux qui gouvernent; et que ceux qui sont tellement élevés en dignités, sont souvent forcés de lui montrer de l'opposition. C'est ce qui devient la cause d'une foule de haines intestines.

Outre cela encore, le nouveau prince a souvent ses ministres qui lui sont connus par de longs et fidèles services. Pour leur ouvrir l'entrée aux honneurs, il faut que de lui-même ou par les conseils de ceux qui désirent leur succéder, il renverse les créatures de son prédécesseur.

Il s'en trouve cependant quelques-uns qui, soit l'intérêt des affaires pour lesquelles ils ont plus de talent que les autres, soit quelque service qu'ils ont rendu, se mettent si bien dans l'esprit du prince qui succède, qu'ils ne perdent que la personne du prince qui est mort.

Macron, voulant gagner la faveur de Caligula, répudia sa femme Ennia, pour qu'elle donnât de l'amour au jeune prince et l'attachât par un mariage. Le même Macron ordonne d'étouffer, sous les couvertures, Tibère mourant. (Tacite, liv. VI.)

L'empereur Julien retint Arbétion, quoiqu'il lui fût odieux à cause de son orgueil et de son esprit turbulent, parce qu'il le croyait nécessaire. Et dans la suite Valentinien approcha de lui ce même Arbétion pour l'opposer à Procope.

J'ai montré jusqu'ici ce que doit éviter un courtisan qui veut jouir de la faveur du prince. Le premier des conseils qu'on peut donner en cette occasion à un courtisan, c'est la modestie envers le prince, en ne se mesurant pas sur lui-même, en ne se comparant pas à lui-même, en se mesurant, dis-je, non sur l'étendue de sa fortune, mais sur celle de son devoir. Il ne doit rien faire qui montre de l'orgueil ou de l'irrévérence, et doit fuir l'envie autant qu'il le peut; l'envie qui est si formidable à beaucoup d'hommes même des plus illustres, qu'un grand nombre d'entre eux, sous l'apparence de la parèsse, ou en se livrant à l'étude des lettres, se sont éloignés des affaires publiques; c'est ce que les historiens racontent de Domitien et de Galba.

Il faut surtout rejeter avec soin, comme je l'ai dit, les éloges et les calomnies des malveillans

Ceux qui nous calomnient, diront qu'il nous manque quelque chose de ce qu'on regarde comme nécessaire pour bien servir le prince, ou que nous avons dit quelque chose en arrière et dans le dessein de l'attaquer, ou enfin ils soutiendront que nous avons blessé quelqu'un par une action quelconque.

Il faut chercher à excuser, à corriger, ou à expier, par le secours d'autres vertus, la faute qu'on nous reproche. En outre, tous nos discours, toutes nos actions sont tellement modérées qu'ils ne peuvent être exposés à de mauvaises interprétations. C'est pourquoi nous devons toujours chercher à pénétrer la pensée des autres avant de découvrir la nôtre. Que si par inattention il nous est échappé quelque chose qui puisse offenser, nous pouvons montrer, ou par un mot agréable, ou en interprétant, comme sans intention, nos paroles dans le reste de la conversation, que nous n'avons point eu l'intention d'offenser ceux à qui nous parlions.

Si nous savons que nous avons été dénoncés par la calomnie, il sera très-sage de ne pas nous éloigner de celui auprès duquel nous aurons été attaqués. Car outre que les sentimens pour les absens se refroidissent avec le temps, la calomnie également, si elle n'est pas promptement repoussée par le secours de la vérité, trompe plus facilement la croyance; et au contraire, lorsque le plus tôt qu'on le peut on parvient à la mettre en doute, elle perd bientôt sa force; mais par le retard et lorsque personne ne contredit ce qu'a affirmé le délateur, elle s'affermit et s'enracine dans l'esprit du prince, qu'elle amène souvent au point de détester l'accusé, avant d'avoir cherché si le crime est vrai.

Celui donc qui voudra avec fruit veiller à ses intérêts, devra s'attacher un ou plusieurs amis qui puissent, en son absence, le défendre contre les attaques de la calomnie: il devra choisir surtout des hommes considérés, et qui, en le défendant, soient écoutés aussi favorablement par le prince que les calomniateurs. J'avoue que de pareils amis se rencontrent rarement dans les cours, où c'est presque la coutume admise de chercher à perdre son voisin, ou de le laisser perdu.

Mais cependant il arrive quelquefois qu'il

s'en trouve qui, soit par reconnaissance des bienfaits qu'ils ont reçus de nous, soit dans le désir de nous attacher à eux, ou enfin par haine pour l'accusateur, sont disposés à nous rendre ce service.

CONCLUSION.

Voilà, courtisans, ce que m'a inspiré le désir de vous soulager dans vos embarras; c'est à vous à voir si mon travail peut vous être utile Pour moi je n'ai plus besoin de tous ces préceptes. Écoutez ces vers de Sénèque qui sont l'image de ma vie et de mes vœux :

« Reste qui voudra dans la puissance sur » le pavé glissant de la cour, pour moi » je ne désire qu'un doux repos; je veux » passer doucement mes jours dans l'obscu- » rité. Que ma vie s'écoule tranquillement » sans être connu de personne. Et lorsque » mes jours se seront ainsi passés dans le » silence, je mourrai vieillard ignoré. La » mort semble plus terrible à celui qui, » trop connu de tout le monde, meurt » sans se connaître lui-même. »

FIN.

TABLE.

FIN DE LA TABLE.

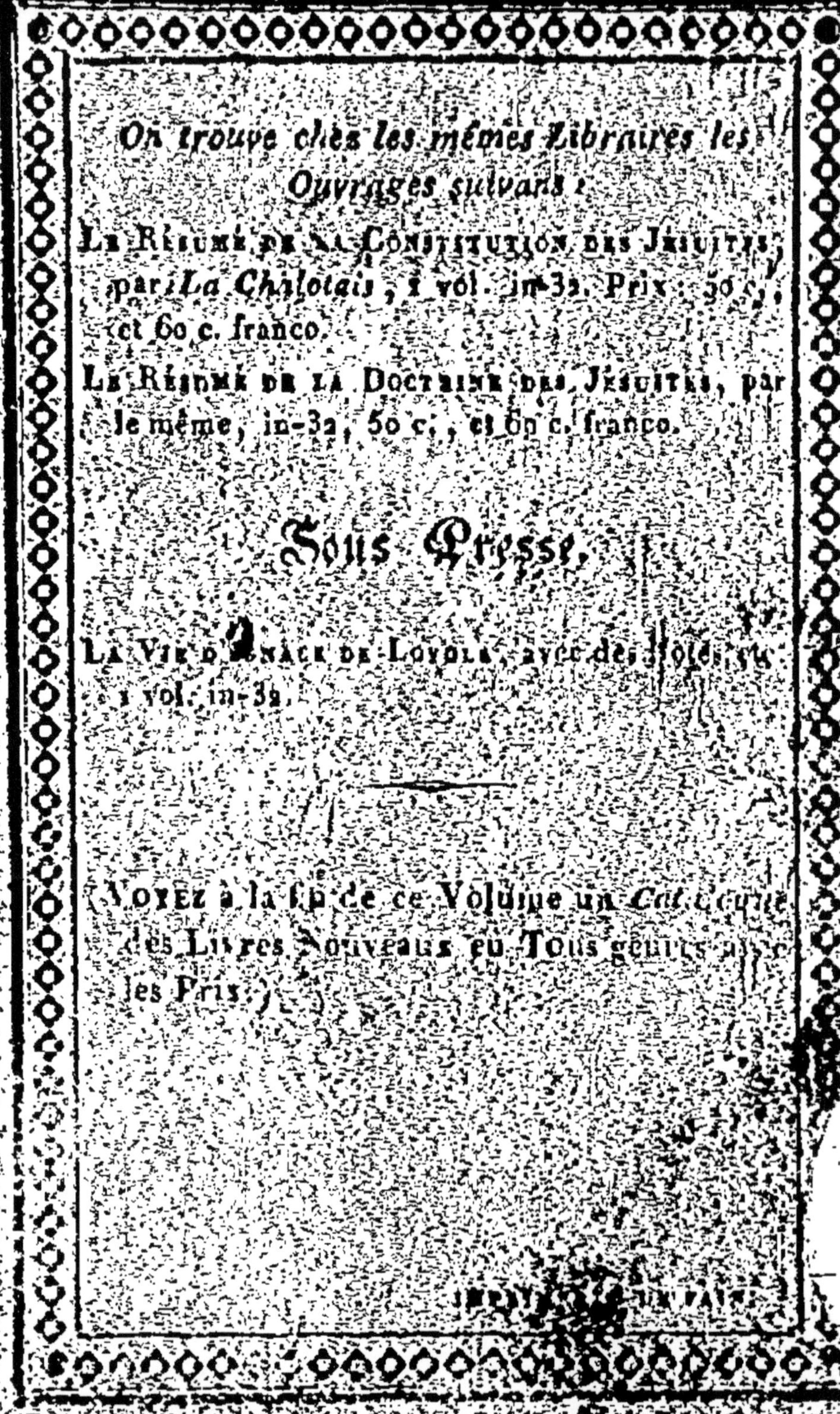

On trouve chès les mêmes Libraires les Ouvrages suivans :

LE RÉSUMÉ DE LA CONSTITUTION DES JÉSUITES, par *La Chalotais*, 1 vol. in-32. Prix : 50 c., et 60 c. franco.

LE RÉSUMÉ DE LA DOCTRINE DES JÉSUITES, par le même, in-32, 50 c., et 60 c. franco.

Sous Presse.

LA VIE D'IGNACE DE LOYOLA, avec des Notes, etc. 1 vol. in-32.

(VOYEZ à la fin de ce Volume un *Catalogue* des Livres Nouveaux en Tous genres avec les Prix.)

IMPRI[illegible]

www.ingramcontent.com/pod-product-compliance
Ingram Content Group UK Ltd.
Pitfield, Milton Keynes, MK11 3LW, UK
UKHW021228230726
13926UKWH00003B/1304

9 782014 467550